SUPER CHINA

A NEW TYPE OF SUPERPOWER

超大国中国の未来予測

胡 鞍鋼

小森谷 玲子＝訳

発行：富士山出版社
発売：日本僑報社

日本語版序文

　中国が急速な発展によって世界的にその存在感を増すにつれ、中国研究も盛んになってきた。世界的に有名な学術機関やシンクタンクが次々と中国研究部門を設置しており、分野をまたいで現代中国の研究をする専門家も多くなった。中国の経済、社会、政治等に関する書籍も世界中で出版されている。筆者は長年にわたって中国の国情研究をしているが、海外における現代中国の研究機関の専門家との交流の機会も増えている。

　中国の国情研究にあたっては、世界各国の「中国通」による研究や視点を広く受け入れると同時に独自の研究も続け、「中国の声」を発し、「中国の流派」を打ち立て、「中国の風格」を展開してきた。中国の現代中国専門家は、改革開放に関わっただけでなく、中国の革新のために助言を行ってきたのだから、観察・研究しているだけの海外の研究者と違い、現代中国研究において優位な立場にいるのは、ある意味当然である。われわれは中国の社会科学の研究成果とその研究レベルの高さを世界に発信し、研究者としての自覚と自信を持ち、中国学術界をさらに革新していくべきである。そして、世界の研究者と臆せず競い合い、発言権を獲得し、新型大国にふさわしい研究者にならねばならない。

　2008年8月、米国のブルッキングス研究所理事会主席のジョン・ソーントン氏とお会いした時、現代中国についての最新の研究成果を、同研究所による「中国の思想家」シリーズの一冊として出版したいと頼まれ、喜んで引き受けた。中国専門家

の立場から、国際的に通用する方法論と比較可能な統計データを用い、中国が大国へ至る過程や特徴、さらにそれが世界に与える影響について詳述したのが、2011年4月に米国で出版された『中国2020〜新型の大国〜（China in 2020 : A New Type of Superpower）』である。

同年6月15日には、ブルッキングス研究所の招待で、シンクタンクが林立するワシントンKストリートにある同本部のホールに赴き、拙著の新刊発表会でそのテーマに関連した講演をさせていただいた。司会は、クリントン政権時代に国家安全保障会議東アジア担当の高級顧問を務め、現在はジョン・ソーントン中国センター主任である中国問題研究の専門家・李侃如（Kenneth Lieberthal）教授に務めていただいた。また、米国ピアソン国際経済研究所のシニアフェローであるニコラス・ラーディ（Nicholas Lardy）博士とブルッキングス研究所中国研究センター主任の李成博士から講評をいただいた。思いがけなかったのは、この本がワシントンの中国問題研究家たちに大きな影響を与えただけでなく、それ以外の人々からも大きな関心を集めたことだ。ブルッキングス研究所は、ホールの外にわざわざモニターを設置した小会場をつくり、ホールに入れない人のために生放送をしてくれた。当日の発表会には、世界銀行北京事務所代表のピーター・ボッテリエール（Pieter Bottelier）氏、財務省時代に米中戦略経済対話を担当したタイヤ・スミス（Taiya Smith）氏、ダン・ライト（Dan Wright）氏など、今まで面識のなかった中国問題専門家諸氏も多く駆けつけてくれた。参加者は「中国通」の専門家ばかりで、中国の発展と改革について独自の視点を持っていた。司会の李侃如教授は、私の研究に大きな関心を寄せてくださり、挨拶でも「ことが終わっ

てから偉そうなことを言」っているのではなく、実際に政府の政策に反映されていることが多いとのお言葉をいただいた。いくぶんお世辞もあっただろうが、米国の「中国通」の中国への深い関心度合いを反映していたと思う。ラーディ博士と李成博士は、それぞれ自身の研究と結び付け、中国が新型大国になる過程で直面する問題について、全面的に、また系統立てて講評してくださった。その観点は深く、問題の核心をついていた。中国への関心の深さは、参加者から寄せられる質問にも表れていた。中国問題の専門家だけでなく一般の方の質問も非常に奥の深いものが多く、中国の5カ年計画や地区間の格差、政治体制改革まで、多方面にわたった。

　2012年には浙江人民出版社から『中国2020〜新型の大国〜』の中国語版が、2011年にはインド版が、2013年には韓国語版も出版された。また、韓国では2015年に本書をもとにしたドキュメンタリー番組『Super China』がKBSテレビで放送された。さらに同年、浙江人民出版社から増訂版を出版した。本書はその日本語版である。

　中国が大国になったことで、それをテーマとした書籍が数えきれないほど出版された。しかし、多くは中国国外の著者の手によるもので、中国国内の研究者による著作は少なく、特に専門的研究や定量分析の類はほとんど見られなかった。筆者が執筆を行うのは、中国人研究者として「中国の声」「中国の観点」を発信したいと思っているからだ。

　本書は毛沢東の影響を多大に受けている。毛沢東は1956年に中国共産党第8回党大会準備会議において、50年か60年後には米国に追いつくという目標を立てていた。「世界で最も強大な資本主義国である米国に追いつくのだ。米国の人口は1億

7000万人だが、中国の人口はその何倍も多い。さらに、資源も豊富で気候条件も大して変わらない。追いつくことができるはずだ。いや、追いつかなければならない。（中略）50年後、60年後なら追い越せるはずである」と述べている。なぜ追いつかなければならないのか、また、中国には追いつくための条件はあるのかについても、次のように説明している。「これは責任である。中国は、人口も多く、国土も広い。資源も豊富で、しかも社会主義という優位性がある。50年後か60年後に米国を上回ることができないなら、地球に中国は必要ないということだ。上回るだろうではなく、上回らなければならないのだ。それができないなら、中国は世界の人々に合わせる顔がない。なぜなら、中国は人類に貢献できないからだ」。毛沢東は、世界最多の人口を擁する社会主義国の指導者として、厳しい国際競争のなかにあっても、常に大きな夢を抱き続けた。毛沢東はGDPという概念も知らなかったが、独自の戦略をもとに、将来追いつくべき対象を見定めたのである。本書は「ことが終わってから偉そうなことを言う」立場から毛沢東の戦略を検証している。毛沢東の「中国の夢」は、我々の代で実現するだろう。

　筆者は学生に対し、中国の国情研究は3つの「真」の基礎の上に築かねばならない、と常々言っている。研究対象はあくまで「真実」の中国であり、仮想の中国ではないこと、研究内容は中国の「真の」問題であって、偽りの問題ではないこと、そして研究結果は「真正な」方法で導き出されるものであり、的外れな方法ではいけないことがそれである。研究とは、国家や世界の重要な問題に目を向けつつも、現実に即している必要があり、そのためには調査研究とチームの協力に重点を置かなければならない。本書は、以上の考えを踏まえて執筆したもので

ある。

　第一に、本書の研究対象は「真実の」中国、すなわち、世界最多の人口を擁し、高い経済成長率と急速な台頭を見せているこの国である。中国という「難解な書物」を読み解くことが、筆者の究極の目標であり、本書執筆の出発点でもある。

　第二に、本書の研究内容は「真の」問題である。新中国設立から60年余りで、中国はとてつもなく大きな変化を経験した。「貧困大国」から「小康社会」へ、「東アジアの病人」から「健康中国」へ、「非識字者大国」から「人的資本大国」へ。中国はさまざまな挑戦に応戦し、中国独自の道を切り拓くことによって、総合国力や国際的な地位を上昇させてきた。すでに中国は、成熟した、責任ある、吸引力のある強国となりつつある。2020年には、新型の大国となることだろう。本書の研究内容は、中国が急速に転換していく過程で生じた重大な潮流や課題を扱っている。なかには、解決が困難な問題もあるが、現実にある「真の」問題を見極めて深く掘り下げ、慎重に判断することで、中国の持続的発展にとって最良の方法を見つけることができる。

　第三に、本書は中国発展のための「真正」の方法を提起している。第8章では、現在から2020年までの発展戦略や具体的な指標を示し、それらにもとづいて発展の道すじや発展計画を提案している。さらに本書（中国語版）の不足を補うため、第9章では、総合国力の観点から中国が米国に追いつき追い越すためのグランドデザインを提起している。国家発展計画専門家委員会の委員として、筆者は国家発展計画が中国の発展の成否に重要な役割を果たすことに気づいた。また筆者は常々、中国の発展戦略に関する自らの研究を国家発展計画の「シンクタン

ク版」「清華版」と位置づけている。本書では同時に、学術的な視角から中国発展の道の独自性と革新性について述べ、発展の歴史的なロジックについても詳解している。

筆者は、中国の今後の発展に大いなる自信を持っている。本書では経済、人口、健康、教育、環境保護、気候変動などの領域から全面的、体系的、専門的な分析を行い、中国発展の道すじと今後の発展について検討を加えている。

中国が超大国になるのは間違いない。たとえ、どんな困難が待ち受けていようと、中国経済が発展を続けていくのは疑いようがない。1980年代以降に出された中国の経済成長予測は、当の中国政府の予測を含め、ほとんどすべてが中国の発展速度を過小評価するものだった。2000年の中国のGDPは、世界銀行のもともとの予測を78.5％も上回っていたのである。今後のカギとなるのは、中国がどのような大国になろうとしているかである。中国の現代化は、イギリスや米国、旧ソ連とは異なった独自性を有している。歴史的、文化的要因にもとづけば、中国は「成熟した、責任ある、吸引力のある強国」となるべく努めるだろうというのが私の考えである。米国による一極覇権時代から、中国はじめ多くの強国が台頭する多極化時代に入り、「競争より協力」が新しい世界秩序となるだろう。中国は、自国の利益だけを追い求めたり、覇権主義に走ったりするのではなく、これまで通り平和的な発展の道を進んでいくだろう。

最後に、元清華大学経管学院教授でブルッキングス研究所理事会主席のジョン・ソーントン氏の熱心なサポート、同研究所中国研究センター主任の李成博士と同研究所研究員の方々の温かい援助、魏星博士、呂捷博士、楊竺松博士、鄭雲峰博士らの多大な努力に対し、心から感謝申し上げ、また、日本語版の出

日本語版序文

版にあたり、着実かつ効率的に出版作業をすすめてくださった
日本僑報社の段躍中氏ご夫妻、翻訳者の小森谷玲子氏にも感謝
申し上げます。

　日本の皆さんにとって、本書が中国の国情を理解するきっか
けとなることを、また、中国の今後に関心のある皆さんに、新
たな視点と切り口を提供できることを、そして、なによりも本
書の意義を理解していただけることを願っています。

　　　　　　　　　　　　　2016年11月　北京清華園にて

もくじ

日本語版序文 ……………………………………………… 1

第1章　中国の急速な発展 ……………………………… 11
　一、海外における中国経済発展の予測 …………………… 12
　二、筆者の分析 …………………………………………… 19
　三、新型大国としての中国 ……………………………… 24
　四、総合的な分析 ………………………………………… 29
　五、本書の内容と構成 …………………………………… 32

第2章　中国経済発展の現在、過去、未来 …………… 35
　一、U字型曲線から見る中国の経済発展 ………………… 36
　二、中国の経済成長の要因 ……………………………… 41
　三、中国の経済成長の可能性 …………………………… 46
　四、中国のGDPは、どのように米国に追いつくのか ……… 54

第3章　人口への挑戦〜高齢化社会と都市化〜 ……… 63
　一、急速な人口転換 ……………………………………… 65
　二、少子高齢化社会 ……………………………………… 71
　三、人口抑制政策と退職制度 …………………………… 74
　四、都市化による発展 …………………………………… 76

第4章　健康中国 ………………………………………… 85
　一、東アジアの病人から東方の巨人へ ………………… 85
　二、国民の健康と経済発展 ……………………………… 89

三、中国における健康リスク ……………………………………… 91
四、ミレニアム発展目標 ……………………………………………… 97
五、人間開発指数と小康社会 ……………………………………… 101

第5章　教育と人的資本 ………………………………………… 107
一、新中国設立後の教育（1949〜1977） ……………………… 107
二、改革開放後の教育（1978〜2000） ………………………… 109
三、人的資本大国（2001〜2020） ……………………………… 111
四、人的資本強国 …………………………………………………… 116

第6章　科学技術の革新 ………………………………………… 121
一、知識型社会への転換 …………………………………………… 121
二、科学技術力とその評価方法 …………………………………… 122
三、科学技術力の分析 ……………………………………………… 126
四、科学技術の革新国 ……………………………………………… 136
五、科学技術力の原動力 …………………………………………… 138
六、2020年の中国〜革新型国家〜 ……………………………… 146

第7章　気候変動と持続可能な発展 …………………………… 151
一、気候変動の問題 ………………………………………………… 152
二、気候変動による最大の被害者 ………………………………… 154
三、温室効果ガス排出大国 ………………………………………… 159
四、気候変動に対する中国の政策 ………………………………… 162
五、気候変動への対応 ……………………………………………… 165

第8章　中国の発展目標と戦略 ………………………………… 177
一、目標のための基本原則 ………………………………………… 177
二、2020年社会主義の現代化 …………………………………… 179
三、総括 ……………………………………………………………… 189

第9章　中国はどのように米国を追い越すか：

　　　総合国力の視点から（1990～2013）…………195

　　一、背景の研究～中米関係と実力の変化～ ………………195

　　二、米国による中米の総合国力に対する評価 ……………196

　　三、筆者による総合国力の分析と評価 ……………………199

　　四、中米の総合国力の変化（1990～2013） ………………203

　　五、中米の八大戦略資源の比較（1990～2013） …………206

　　六、総合国力を高める方法 …………………………………211

　　七、総合国力の総括 …………………………………………214

第10章　中国と世界

　　　～現代化の後発国から人類発展の貢献国へ～…217

　　一、国家の発展に伴う外部性 ………………………………218

　　二、経済に対する貢献 ………………………………………221

　　三、貿易に対する貢献 ………………………………………223

　　四、新技術の開発に対する貢献 ……………………………223

　　五、貧困減少に対する貢献 …………………………………224

　　六、二酸化炭素排出の負の外部性 …………………………225

　　七、総括 ………………………………………………………225

インタビュー …………………………………………………227

あとがき …………………………………………………………263

第1章
中国の急速な発展

　この数十年における中国の急速な発展は、世界中の注目を集めた。その発展は、海外の予想だけでなく、中国政府の予測をもはるかに超えていた[1]。国家統計局発表による中国のGDPは、2014年に1978年の28.6倍になり、経済成長率は9.7％に達した。また、1人当たりのGDPも19.7倍になり、その増加率は8.6％だった[2]。為替レート換算法によるドルベースのGDPは世界の13.4％を占め、米国に次ぐ第2位となった[3]。購買力平価では、2014年に中国が米国を上回り世界一となった。2015年の国際通貨基金（IMF）のデータでも、世界に占めるGDPの割合は、中国が16.3％、米国が16.1％だった[4]。また、2009年にドイツを抜いて世界一の輸出国になり[5]、2013年には、貿易額でも米国を追い越して世界一となった。

　2009年、国際金融危機によって世界の経済成長率はマイナ

1　1980年以後、中国政府は中期の発展計画（5カ年計画）を出しており、同時に、経済成長の長期目標（10～20年）を7.0～7.5％とした。1982年の党第12期代表大会では、2000年までに工業と農業の総生産額を1980年の4倍にすること、1987年の党第13期代表大会では、2000年までに国民総生産（GNP）を1980年の4倍にすること、2002年の党第16期代表大会と2007年の党第17期代表大会では、2020年までにGDPを2000年の4倍にすることを目標とした。
2　「2014年国民経済と社会の発展統計官報」、2015/2/26（中国国家統計局『中国統計年鑑2014』、p.24-25）。
3　IMF, IMF Data, 2015.
4　IMF, "World Economic Outlook:Uneven Growth Short- And Long-Term Factors", 2015/4/15, p.149.
5　CIAの評価によると、2008年における中国の輸出量は世界の9.0％を占め、ドイツの9.4％に次ぐ第2位だった（CIA, "the World Factbook", 2009）。世界貿易機関（WTO）によると、中国のサービス貿易の輸出量は世界の総量の3.9％を占め、第5位だった（WTO, "International Trade Statistics", 2009）。

ス0.69％になり、中国の貿易額も減少、経済成長率も鈍化した。しかし、同年の中国の経済成長率は9.2％だったため、世界の経済成長率を押し上げることとなった。これは「中国経済の奇跡」と言ってよいだろう。[1]

中国の急速な発展については「中国バブル論」「中国脅威論」「中国崩壊論」といった懐疑的な意見や否定的な意見もある。中国の発展が共産党主導によるものだったため、西側諸国の人々は「中国は自由民主主義の敵になる[2]」「中国の発展は資本主義に対する挑戦である[3]」等の不安を持ったのだと思われる。

また、その発展について、さまざまな疑問も出ている。例えば、中国は大国と言えるのか、今の高度経済成長を今後も維持できるのか、先進国との違いは何か、今後、世界にどのような影響を及ぼすのか、等である。本書は、まさにこれらの疑問に答えようとするものである。

この章では、主に海外の機関や学者による中国の経済発展の予測について紹介し、中国が急速に発展してきた過程とその発展について総合的な分析を行う。本章は、第2章以降の概略でもある。

一、海外における中国経済発展の予測

この30数年間における中国の急速な発展は周知の事実であ

---

1 William Overholt, "The Rise of China: How Economic Reform Is Creating a New Superpower", New York: W. W. Norton, 1994；林毅夫らは、中国の発展を「中国の奇跡」と呼んだ（林毅夫、蔡昉、李周, "China Miracle: Development Strategy and Economic Reform", 上海：上海人民出版社, 1994）。

2 Timothy Garton Ash, "China, Russia, and the New World Disorder", Los Angeles Times, 2008/9/11, www.latimes.com/news/opinion.

3 Howard W. French, "Letter from China: What if Beijing Is Right?", International Herald Tribune, 2007/11/2..

る。1983年、世界銀行は「中国の社会主義経済発展」という
レポートで、中国の成長率を、1980年代の前半は4～5%、
後半は1970年代における世界平均の5～6%になると予測し
た。その2年後には「中国の長期発展のための問題と選択」
というレポートにおいて、1981年から2000年に、中国経済
は年率5.4～6.6%で成長すると予測した。しかし実際には、
その予測をはるかに上回り、成長率は9.9%に達した。世界銀
行は中国の経済成長を過小評価していたことになる。

　アメリカにおける中国研究の第一人者であるハーバード大学
教授、ジョン・キング・フェアバンクは、1986年「中国には
長期にわたって実践してきた新しい統治方法があり、今後もそ
れを継続していくだろう」と述べた。毛沢東の後を継いだ鄧
小平らが、積極的に改革開放をすすめたことにより、中国独自
の現代社会主義の道が切り開かれ、今も発展し続けていると言
える。

　米国の著名な歴史学者であるエール大学教授、ポール・ケネ
ディは、1987年に出版された『大国の興亡』で「中国は貧し
い大国であり、地縁的にも優位とは言えないが、指導者らは一
貫した思想を持ち、長期的な戦略を実践している。GDP成長
率8%を維持できたなら、数十年以内に大きな変化が起きるだ

1　World Bank, "China, Long-Term Development, Issues and Opinions", The
　Johns Hopkins University Press, 1985.
2　中国国家統計局『中国統計年鑑2010』(北京：中国統計出版社, 2010),
　p.21。 John King Fairbank, "The Great Chinese Revolution1800-1985",
　HarperCollins Publishers, 1986 (中国語版, 北京：世界知識出版社, 2000, p.9)。
3　Paul Kennedy, "The Rise and Fall of the Great Powers: Economic Change and
　Military Conflict from 1500 to 2000", New York：Random House, 1988.
4　Richard Nixon, "1999:Victory without War", New York：Simon and
　Schuster, 1988.
5　Paul Kennedy, "The Rise and Fall of the Great Powers: Economic Change and
　Military Conflict from 1500 to 2000", New York：Random House, 1988.

ろう」と書いている。

1989年に出版されたニクソン大統領の『1999年 戦争なき勝利』[1]には、以下のように書かれている。「冷戦後の世界は、政治、経済、軍事の方面で多極化するだろう。すなわち、21世紀には米国とソ連の世界的な地位が低下し、西欧諸国、日本、中国が、地縁的な力を持つ三大勢力となる。また、鄧小平の改革開放により、世界の20％を占める中国の人口が大きな力を発揮する。中国がこのまま進んでいけば、将来は3大国、つまり、米国、ソ連、中国の三つどもえの時代になるだろう」。この予測は当たった部分もあるし、当たらなかった部分もあった。西欧と日本の地縁的な重要性は低下したし、ソ連は解体してしまった。ソ連の後継に当たるロシアのGDPは、2008年時点で中国の14.4％、米国の13.5％に過ぎなかった[2]。ソ連の解体によって、米国が唯一の大国になったのである。しかし、この予測の、中国が21世紀初めに急速な発展をし新興大国となる[3]、という部分は当たっていたと言える。

1990年代、中国は「天安門事件」の後も改革開放をすすめ、東欧が急変しソ連が解体しても、社会主義を堅持した。このような状況下でも経済は発展し続けたことが後に注目され、海外でも中国の経済発展についてさまざまな予測が行われるようになった。例えば、ランド研究所は1995年のレポート[4]で次の

---

1 Richard Nixon, "1999:Victory without War", New York：Simon and Schuster, 1988.
2 Angus Maddison, "Statistics on World Population, GDP and per Capita GDP, 1-2008 AD", www.ggdc.net/maddison.
3 Angus Maddison, "Chinese Economic Performance in the Long Run：960-2030 AD", Paris：OECD Publishing, 2007, p.13.
4 Charles Wolf and others, "Long-Term Economic and Military Trends 1994-2015：The United States and Asia", Santa Monica, California：RAND Corporation, 1995, p.8.

ように予測した。「1994年から2015年、中国のGDP成長率は4.9%になる。2006年に米国を追い越し、2015年には、購買力平価ベースのGDPが米国の1.27倍になる。1人当たりのGDPも増加はするが、米国の28.9%に過ぎないだろう」。

1997年、世界銀行が発表した『2020年の中国～新世紀の発展への挑戦～[1]』というレポートには、次のように書かれている。「中国は2つの歴史的な転換を経験している。1つは、従来の農業社会から都市化による工業社会への転換、もう1つは、計画経済から市場経済への転換である。この2つの相乗効果により高度経済成長が後押しされ、この15年間でGDPは4倍以上になった。先進国でも数百年かかったところを、中国はたった数十年でやり遂げたのである[2]」。このレポートでは、中国の発展を「現代における奇跡的な発展」と呼び、以前の予測は、中国を過小評価していたことを認めている。そして、その予測を上方修正し、1995年から2000年におけるGDP成長率を8.4%、2000年から2010年までを同6.9%とした[3]。

しかし、この予測すら過小評価だった。1995年から2000年、GDP成長率は年平均8.6%、2001年から2010年は同10.5%だったからだ[4]。2020年の購買力平価ベースのGDPは米国との差を拡大し、1人当たりのGDPも米国の3分の1程度になる見込みである。また、中国の消費力は西欧より大きくなり、資本輸出国として金融市場の競争にも加わるだろう[5]。

1997年、アジア開発銀行（ADB）は、『新興アジアの改革

---

1 World Bank, "China 2020: Development Challenges in the New Century", 1997.
2 同上, p.1.
3 同上, p.21.
4 中国国家統計局『中国統計年鑑2014』, p.24。
5 World Bank, "China2020", p.36.

と挑戦[1]』というレポートを発表し、中国の経済発展について3通りの予測を出した。1995年から2025年における1人当たりのGDPの増加率は、楽観的な予測によれば6.6％、保守的な予測では4.4％だった。実際には、1995年から2014年における1人当たりのGDP増加率は8.8％だったため、それらを考慮して計算すると、2025年には中国の1人当たりのGDPは米国の38.2％に達することになる。

　中国の経済成長に関する海外の予測はすべて外れたわけではない。1998年、経済史学者のアンガス・マディソンは、中国の発展に関する『保守的な予測』を発表し、1990年のデータをもとに、中国の購買力平価ベースのGDPの成長率は、1978年から1995年が7.5％、1995年から2010年は5.5％に下がるが、2015年時点で中国のGDPが世界に占める割合は米国の17.3％を上回り17.4％になると予測したのだ[2]。当時、中国経済を研究する学者らはこの予測について否定的であった。世界銀行と国際通貨基金は、2014年の購買力平価ベースのGDPで、中国が米国を追い越したと発表した。筆者の知る限り、中国のGDPがいつ米国を上回るかを的中させたのは、マディソンだけである。

　2001年、ゴールドマン・サックスの主席エコノミストであるジム・オニールは、自著[3]の中で「BRICs」という略語を用いた。これは、新興大国であるブラジル、ロシア、インド、中国を指したものである。2003年には、中国が2045年に世界

1　Asian Development Bank, "Emerging Asia：Change and Challenges", Manila:1997.
2　Maddison, "Chinese Economic Performance in the Long Run".
3　Jim O'Neill, "Building Better Global Economic BRICs", Global Economic Paper 66, New York：Goldman Sachs, 2001.

最大の経済体になり、米国とインドがそれに続くと予測した。[1]
また、2001年には、中国を「世界の工場」と呼び、経済発展のための3つの条件が揃っていたと述べている。1つ目は、海外から多額の直接投資を引きつけたこと、2つ目は、世界最大の企業の生産基地となっていたこと、3つ目は、巨大、安価、安定的な労働力市場を有し、かつ人的資本が絶えず向上している、というものである。

しかし、この予測を楽観視してはならない。続いて出された「BRICs」に関する2冊の著書では以下のように予測している。「2020年、中国のGDP成長率は5％に、2040年には3.5％前後にまで低下するだろう。それでも、高い投資率、巨大な労働力市場、世界経済システム一体化を着実にすすめることで、2040年でも世界最大の経済体を維持する。他のBRICsも経済の発展期にはいるだろう[2]」。ほかにも、2009年2月のレポートでは、BRICsは1つの経済体として、米国、日本、ドイツ、イギリス、フランス、イタリア、カナダからなるG7に取って代わるかもしれないと予測している。[3]

米国政府の国家情報会議（NIC）が、2004年に発表した『全世界の未来図[4]』というレポートは、世界に大きな影響を与えた。このレポートでは、2020年に中国とインドの重要性が増すとあり、19世紀のドイツや20世紀の米国が世界のリーダーとな

1　Jim O'Neill, "Dreaming With BRICs: The Path to 2050", Global Economic Paper 99, New York：Goldman Sachs, 2003.
2　Goldman Sachs, "Growth and Development: The Path to 2050", New York：2004；Goldman Sachs, "The World and the BRICs' Dream". New York：2006.
3　Goldman Sachs, "The Long-Term Outlook for the BRICs and N-11 Post Crisis", Global Economics Paper 192. New York：2009.
4　National Inteligence Council, "Maping the Global Future", Washinton：2004, www.foia.cia.gov/2020/2020.

ったように、中国やインドといった国家が世界の新興勢力として台頭する可能性があると書かれている。NICはレポート作成のために、千人以上の国内外の企業家、政府官吏、非政府機関等各分野の専門家を調査した。その大多数は、2020年までに中国のGDPは米国以外の西側諸国を上回り、インドの輸出量はEC全体と同程度になると予測した。中国とインドは、生活レベルは先進国に及ばないが、人口規模による経済的な影響が大きいため、大国になる可能性が高いということだろう。

　国際戦略研究所とピーターソン国際経済研究所による『中国の貸借対照表』という2006年のレポートには、次のように書かれている。「中国の急速な発展は驚異的で、経済では世界第4位、貿易では第3位となった。1978年の改革から30年間、毎年約10％の成長率で発展し続け、その過程で数億人の国民を貧困から脱却させた。さらに、この数年は世界における貿易増加額の約12％を占め、米国をはるかに上回っている[1]」

　2008年7月、カーネギー国際平和基金のアルバート・ケイデルは、2030年までに中国のGDPは米国を追い超し、2050年には米国の2倍近くになるだろうと予測した[2]。しかし、これでもまだ中国を過小評価していたと言えるだろう。

　2009年、アンガス・マディソンは、2006年から2030年、中国のGDPの成長率は4％になると予測した。また、中国のGDPが2015年に米国を上回るというのは以前と同じで、さらに、2030年には米国の1.5倍に達すると予測した[3]。

1　C. Fred Bergsten and others, "China: The Balance Sheet—What the World Needs to Know Now about the Emerging Superpowers", New York: IISS, PIIE, 2006, p.3-4.
2　Albert Keidel, "China's Economic Rise: Fact and Fiction", 2008/7, http://carnegieendowment.org/file/pb61_keidel_final.pdf.
3　Maddison, "China's Economic Performance in the Long Run", p.13-14.

第1章　中国の急速な発展

　総じて、中国の急速な発展は国際社会で歓迎されたと言える。プリンストン大学の経済学教授グレゴリー・C・チョーによると、中国が1978年以降、これほど急速な発展をするとは、国内外を問わず1970年代の人々には想像できなかったと述べている[1]。多くの国際機関や学者らも、中国の経済成長とその要因については正確に予測しにくいと認めている。今のところ、中国の高度経済成長は1978年から30数年続いている。米国は43年（1870〜1913年）、日本は23年（1950〜1973年）、韓国は31年（1965〜1996年）続いた。中国は、いつまで成長し続けるのだろうか。今までに蓄積してきた経済力をもってしても、高度成長が維持できるとは限らない[2]。発展し続けている原因を解明しなければ、今後の経済発展は保証できないのである。

　それでは、なぜ中国はこの30数年間、高い成長率を維持できたのだろうか。それは、その間に「大躍進」「文化大革命」のような経済的、政治的な混乱や、旧ソ連のような国家分裂等が起こらなかったからだろう。つまり、社会が安定していたからこそ、独自の改革開放をすすめ、国防力も強化することができたのである。

二、筆者の分析

　筆者は『人口と発展』（日本語訳）という著書で、鄧小平の「三段階論」（1987）を用いて、1950年代から2050年における中

1　Gregory C. Chow, "China's Economic Transition", England, Oxford University Press：Blackwell, 2007, p.9.
2　World Bank, "China 2020".

国の経済発展を3段階に分けた。[1]

第1段階は、1950年から1980年までで、現代の経済成長につながる準備段階と言える。この時期、社会と経済はまだ成熟しておらず、工業化、現代化、1人当たりの平均収入、GNP等、すべてが非常に低い段階にあった。

第2段階は、1980年から2020年までで、高度成長段階と言える。1人当たりのGDPは300ドルから1700ドル以上に増加し、低所得国から中所得国に移行する。工業化の加速や経済の急成長によって、経済構造の転換もすすむ。また、社会変革によって体制や思想が大きく変化し、対外開放によって世界とのつながりがより緊密になる。この時期、中国経済は大きな転換の時期を迎えるといってもよいだろう。前述の『人口と発展』では、1985年から2000年までの経済成長の予測にあたって以下の条件を前提とした。すなわち、改革開放を堅持する、「大躍進」や「文化大革命」のような政治的な混乱や大きな経済変動も起こらず社会が安定している、人口が厳格に抑制される、国全体に影響を与える自然災害が起こらない、世界で大規模な戦争が起こらず他国の軍事行動にも巻き込まれない、という条件である。同時に、GDP成長率を、1985年から2000年は5.9％、2000年から2020年は4.8％、40年間（1980～2020年）の平均は5.8％とした。また、2020年までに達成したい中長期の目標を設定した。それは、経済力、政治力、国防力を大いに高め、中・米・露というトライアングルの一角をしっかり支えられるようにすること、アジア地域で自由に行動できる権利と発言権を持つこと、さらに、総合的な国力も備えた大国にな

1　胡鞍鋼『人口と発展』（杭州：浙江人民出版社，1989）。

第 1 章　中国の急速な発展

ることである。

　第3段階は、2020年から2050年で、安定した成長段階である。高度経済成長を維持できれば、1人当たりのGDPは、1700ドルから中所得国の平均を上回る13800ドル程度になり（1980年の国際ドル表示）、GDP成長率は4～5％を維持し、世界一の経済国になるだろう。

　1995年、筆者は、著名な経済史学者ポール・ベーロックの世界に占める各国の工業生産額の割合を使い、1750年から1980年の230年間における主な大国の繁栄と衰退を分析した[1]。大国の繁栄と衰退の過程は国によって違っており、例えば、イギリスの経済成長曲線は米国のそれとは逆になっている。1750年時点の、イギリスの工業は、世界の1.9％を占めるに過ぎなかったが、1880年には23％に増加し、世界最大の工業国となった。しかし、その100年後には4％に減少し、工業国としての主導権を失った。

　イギリスと違い、中国の経済成長曲線は、繁栄から衰退、そして、衰退から繁栄というＵ字型曲線になる。ポール・ベーロックによると、1750年、中国の工業は世界の33％以上を占めていたが、1800年から急速に下降し始め、1900年には6％、1950年には2.3％となってしまった[2]。この時期は、ちょうど国土が縮小する時期とも重なっている。1950年以降ようやく工業化が始まり、1980年までに工業の基礎がつくられ、その後、成長曲線がゆっくりと上昇し始めた[3]。

　中国の経済力を算出するのに、筆者は3つの方法を使った。

1　胡鞍鋼「胡鞍鋼集 21 世紀に向けての十大関係」(ハルビン:黒龍江教育出版社,
　　1995), p.243-246。
2　同上, p.341。
3　同上, p.243-246。

21

それは、人民銀行（中銀）による為替レート、購買力平価、実体経済である。実体経済とは、主な農産物の生産量、その世界ランキング、世界に占める割合を指す。穀類、綿、落花生、なたね、製塩業、肉類、卵、水産物の生産量については、すでに米国を上回って世界一である。工業製品の生産量についても、1990年代には米国か日本に追いつくだろうと予測した。ただし、自動車の生産台数は100万台しかなく、米国と日本に及ばない。そのほか、生産量が米国を上回るものもあるし、そうでないものもある。しかし、経済史的に見れば、その後10年かそこらで、発展のチャンスをつかんだ。いわゆる「天の時」である。1870年から1913年の米国、1950年から1973年の日本、1965年から1990年代の韓国と同じように、今度は中国に繁栄する番が回ってきたのである。「地の利」から見ると、中国の周辺環境は長期にわたって安定しており、これは、中国経済の発展のため、きわめて重要な外部条件だった。ソ連の解体後、中国の地位が上がったことも有利に働いた。「人の和」については、社会的、政治的にも長期間安定していた。貧困問題を解決し、国民全体で協力したことが、経済発展のための大きな原動力になった。事実、改革開放後は、10数億人の国民が各方面で力を発揮してきた。中国経済が発展するための「天の時、地の利、人の和」という条件がそろっていたのである[1]。

　経済的に見ても、中国経済が発展する上で5つの基本的な要因があったと思われる。1つ目は資本の蓄積と資金源である。中国が経済成長を維持してきたのは、高い投資率と貯蓄率のお

1　胡鞍鋼「胡鞍鋼集 21 世紀に向けての十大関係」(ハルビン:黒龍江教育出版社, 1995), p.122-123。

第 1 章　中国の急速な発展

かげである。2つ目は比較的整った工業体制があり、これが工業化の基礎となった。3つ目は社会インフラである。特に、交通運輸業、郵便・電信・通信業、都市の公益事業の3つは大きく変化した。4つ目は巨大な国内市場である。今後は、工業大国、農業大国であるだけでなく、消費大国として、将来は世界最大の市場となるだろう。5つ目は人的資本である。豊富で安価な労働力と比較的高い教育人口を有している。この5つの相乗効果により、1980年代以降、他国とは異なる独自の発展をしてきた。現代化と経済発展が維持できれば、2020年には、政治、軍事、科学、技術の各方面で大国になるだろう[1]。

　1999年、筆者はアンガス・マディソンの世界経済に関するデータを研究し[2]、中国の発展の過程が、繁栄から衰退、そして、衰退から繁栄というU字型曲線だったことを再確認した[3]。マディソンのデータによると、1820年、中国のGDPは世界の32.9%を占めて世界一だったが、1950年の新中国設立直後は4.5%に過ぎず、1978年までは5%以下だった。これが、U字型曲線の下降期である。1978年以降、GDP成長率が加速し始め、U字型曲線の上昇期にはいった。同時期の西欧諸国、米国、日本は逆U字型曲線の下降期にはいっていった[4]（図1-1参照）。

　このような状況をもとに、本書では中国がどのように急成長してきたのか考察していく。世界に対する正の外部性（ある人や企業の経済活動が、無関係な人によい影響を及ぼすこと）を考えれば、中国のGDPの急成長は、各国にとって脅威ではな

1　胡鞍鋼，"Selected Works of AnGang Hu"，p.243-246。
2　胡鞍鋼「知識と発展：21世紀の新しい発展戦略」（『世界の統治6』，1999，p.7-24)。
3　胡鞍鋼，王亜華『国情と発展』（北京：清華大学出版社，2005)，p.12。
4　Maddison，"Chinese Economic Performance in the Long Run"。

23

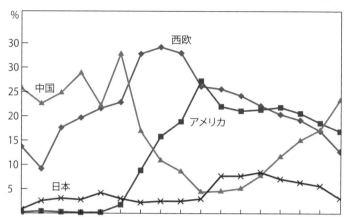

図 1-1　世界に占める四大経済体の GDP の割合（1 〜 2030 年）

データ出所：アンガス・マディソン「1 〜 2008 年の世界人口、GDP、1 人当たり GDP のデータベース」（www.ggdc.net/maddison/）、アンガス・マディソン『960-2030 年, 中国の長期的な経済成長』（パリ，経済協力開発機構〈OECD〉，2007）

くチャンスだと言える。本書では、中国の急速な発展が、国内だけではなく世界にもよい影響を与えていることも示していきたい。[1]

三、新型大国としての中国

中国はどのような大国になるのか。これについては、さまざまな意見があると思うが、筆者は「成熟した、責任感のある、他国にとって魅力のある大国」だと考えている。また「大国」とは、一般的には以下の条件を満たしている国である。つまり、

1　胡鞍鋼『中国 飛躍の道』（北京：北京大学出版社，2007）。

第 1 章　中国の急速な発展

多様な文化が調和しそれぞれの文化と発展を認めている、広大な陸地や海域を管理できる、巨大な経済力がある、国民の教育レベルが高い、攻撃されにくく防衛力が十分にある、軍事的に世界をまとめるような抑止力と影響力がある、政治的に強力な体制を持っている、多くの資源を世界のために使うことができる、強い理念による世界への影響力がある、という条件である。

　次に、大国とは具体的にどの国かといえば、それは、もちろん米国である。つまり、米国を超えれば大国と言えるのではないだろうか。中国が米国を超えるには、あと数十年は必要だと思われるが、その過程で重要なのは、経済力、人的資本、科学技術、そして、気候変動への対応である。第 2 章以降では、これらについて、どうすれば中国は米国を超えられるか分析する。

　30 年という短い期間で、中国は人口が多いだけの貧しい国から経済大国になった。次の目標は、2020 年までに独自の大国になることである。今後の国際社会は米国の一極体制だけでなく、中国や EU 等と協力する「多極秩序」の時代になっていくだろう。

　これは、大国が互いに競争し協力する時代でもある。[1]　なぜなら、経済のグローバル化がすすめば、争うよりもお互いの利益が重要になってくるからだ。以前のような米ソ 2 国の冷戦時代ではなく「複数の大国による共同体制」の時代になるだろう。G8 サミットが G20 サミットになったことがよい例である。サミットでは、大国の指導者が集まり、政治や経済だけでなく、気候変動や環境保護の問題についても話し合っている。中国は新興大国となり、世界とのつながりも密になった。すなわち、

1　中西輝政「パワーゲームに勝てぬ日本外交の致命的欠陥」(『正論』2008 年 8 月号)。

25

中国の問題が世界に影響を与え、世界の問題も中国に影響を与えるようになった。そのため、米国、日本、上海協力機構、ＥＵ、中国が一堂に会し、共通した制度を作る場が必要である。お互いに信頼し、言いたいことは言い、誠意を持って話し合う場があれば、共に問題を解決していくことができるはずだ。

米国を追い越すことを最初に考えた指導者は毛沢東で、1956年8月、第8回党大会準備会議で次のように述べている。

「米国の人口は1億7000万人だが、中国の人口はその何倍も多い。さらに、資源も豊富で気候条件も大して変わらない。追いつくことができるはずだ。いや、追いつかなければならない。米国は建国後たった180年であり、60年前の鉄鋼生産量は400万トンしかなかった。中国は米国より60年遅れている。しかし、50年後（2006年）、60年後（2016年）なら追い越せるはずである。これは責任である。中国は、人口も多く、国土も広い、資源も豊富で、しかも社会主義という優位性がある。50年後か60年後に米国を上回ることができないなら、地球に中国は必要ないということだ。上回るだろうではなく、上回る必要があるのだ。それができないなら、中国は世界の人々に合わせる顔がない。なぜなら、中国は人類に貢献できないからだ」[1]

毛沢東も鄧小平も「大国になる」という夢を持っていたが、大国になっても他国を見下すようなことはしないと強調している[2]。2人に共通しているのは、中国が世界に貢献することであ

1　毛沢東『毛沢東文集 7』（北京：人民出版社，1999），p.89。
2　1975年2月2日、鄧小平はヌジェ・ガンビア外相と会見し、次のように言った。「経済的に見れば、われわれの国は本当に弱小だ」「20年か30年後、中国が鉄鋼も食糧も十分生産できるようになったら、大国になるのだろうか。毛主席は全国民に、たとえ発達しても永遠に第三世界に属すると述べている」。党中央文献研究室，『鄧小平年譜（1975-1997）上巻』（北京：党文献出版社，2004），p.16。

第1章　中国の急速な発展

る。つまり、どのような大国になるかが重要なのだ。

　中国は、平等と協力を基本とした国を目指すべきだ。自己中心主義ではなく、相互に利益があり、その利益を共有できるような国である。つまり、ウィン‐ウィンであり、他の国を支配するような植民地主義、帝国主義、覇権主義ではない。

　次に重要なのは平和的な発展だ。中国は世界を必要とし、世界も中国を必要する、また、世界と中国の利益が一致するような発展をするべきだ。世界に君臨する米国のように一国で統治をするべきでない。世界の経済、政治、エネルギー、環境等のさまざまな問題を、協力して解決していくべきである。

　また、省資源で環境にやさしい緑色発展をする必要がある。現在の工業国には3つの共通点がある。1つ目は、資源の消費量が多いこと、2つ目は、環境汚染物質の排出量が多いこと、3つ目は、生活における消費量が多いことである。現在、世界の20％の人口が世界の75％の資源を消費しているが、このような資源の使い方は問題がある。また、人口の多さを考えると、中国がこのような発展をするのは不可能である。そこで、資源節約型の発展方法が必要である。つまり、資源の利用効率、生産性、人口扶養力を高めることで、資源とエネルギーを節約するのだ（胡鞍鋼、王毅、1989）。

　中国は、人間開発指数が高く、貧富の差が小さい国である。発展目標は「経済中心」から「人を基本」へと変わりつつあり、人の能力を向上させることが発展のための最重要目標になってきている[1]。すでに、大多数が中くらいのレベル以上にあるが、さらなる向上を目指している。そのために、絶対貧困をなくし、

1　人の発達レベルは人間開発指数（HDI）で計算される。高い水準のHDIは0.70以上0.79未満、きわめて高い水準のHDIは0.80以上0.99未満である。

相対的貧困も減らすことで貧富の差を縮小し、新興国家にあり
がちな都市の貧民街や、それに伴う犯罪もなくす必要がある。
中国の現代化は、一部の人だけが裕福であるとか、一部の都市
だけが繁栄するとか、一部の地区だけが発達するというもので
はない。国民全員がともに豊かになり、都市だけでなく農村も
繁栄し、沿岸部も内陸部も発達していく。これが、中国の現代
社会主義と西側諸国の資本主義との大きな違いである。米国は
先進国ではあるが貧富の差は大きく、貧困層の社会問題も解決
できていない。もし中国が、1人当たりのGDPやエネルギー・
資源の消費量が先進国より少なく、かつ、10数億人の国民全
員が人間開発指数の高い豊かな生活を送ることができたら、こ
れを「発展の奇跡」と呼んでもよいのではないだろうか[1]。

　また、本当の意味での「ソフトパワー」を持つ大国になる必
要がある。軍事力や経済力ではなく、中国の文化や思想を理解
し共感してもらうことで、国際社会の信用を得ることが重要で
ある。

　この数年、「北京コンセンサス[2]」について多くの意見が出さ
れている。これは、政府主導で経済を発展させていくというも
ので、自由経済によって経済を発展させていくという「ワシン
トンコンセンサス」とは正反対である。国際金融危機後、中国
がいち早く経済を立ち直したため話題になったのだ。しかし、
国内では「北京コンセンサス」より、中国の市場、知識、文化、
独自の発展方法を示す「北京の建議」が重要視されている（胡
鞍鋼，2005）。この「北京の建議」は強制ではない。受け入れ

1　胡鞍鋼・鄒平『社会と発展―中国の社会発展における地区別格差』（浙江人民
　出版社，2000），p.214。
2　Joshua Cooper Ramo, "The Beijing Consensus", London：Foreign Policy
　Center, 2004.

なくても構わないし、全面的に、またはその一部を受け入れてもよい。開発途上国、特に最も遅れている国に対して、中国は「多く与えて、少なく受け取る」「先に与えて、後で受け取る」という対応をしている。中国は、文化的で優れているものを積極的に取り入れ、自由主義や民主主義を排除しない。実際、中国はこれらを取り入れることによって国民の福利を高めてきた。

　最後に、中国は成熟した責任感のある大国になるべきだ。成熟とは、国内的には、民主的で、情報が公開されており、分かりやすい政治体系であること、国際的には、大国としての責任を持ち、国際的な問題に対しては、急進的ではなく謙虚な態度で臨み、また、国家と民族間の問題を解決することで、他の国々の信用を得ることを言う。中国は、十数億人の国民だけではなく、数十億人の世界の人々に対しても責任を負う必要があるのだ。

　中国の改革開放が政府と国民の共通認識であることも、発展の原動力となっている。世界のさまざまな問題に対して、各国と協力しながら解決していくようにすれば、世界中の人々に貢献できるはずである。中国は世界の発展を望み、世界もまた中国の発展を望むようにしたいものである。

四、総合的な分析

　本書で採用している分析方法は多岐にわたっている。中国の発展に関する議論は多く、しかも、他の問題にも関連している。このような場合、その分析方法は、中国の伝統的絵画のようであるべきで、細部にこだわりすぎてはいけない。総合的な分析

とは、現状を把握した上で分析する条件を選び、その条件によって起こりうる影響について1つ1つ考察していくということである。

　ここでは中国の発展について、科学的、論理的に分析する。例えば、まず1人当たりの指標と総量的な指標の比較、つまり、2つの角度から分析を行う。こうすることで、発展に伴って社会の2重構造ができあがったことが分かるからだ。また、個々と全体、動態と静態にも注目する必要がある。そうでなければ、部分的なことしか見えてこない。

　さらに、政治や経済のメカニズムも考慮する必要がある。政府がある問題に対してどのような政策をとり、それが、経済発展にどのような影響を与えたのかを分析しなければならない。

　同時に、変化の問題も考慮に入れるべきだろう。例えば、発展の過程ではさまざまな問題が起こる理由を理解する必要がある。発展は「一長一短」であり、よいことばかりではない。しかし、発展方法によっては「一短」を減らすことができる。これには、イギリスの歴史学者であるトインビーが唱えた「挑戦と応戦」を参考にするのがよいだろう[1]。中国の指導者たちは、国内外のさまざまな問題に積極的に取り組んできた。特に、経済面では中国独自の方法をとってきた。中国の改革は、鄧小平と陳雲から始まり、江沢民と胡錦涛がそれを受け継いだ。後の世代になるほど、戦略のチャンスに恵まれ、活躍できる舞台も増え、大きな使命を持って発展させていくことができるもので

1　トインビーは、文明的な発展には必要条件があると言っている。つまり、発展とは挑戦と応戦の繰り返しであり、外的な力ではなく内的な精神力によって問題を解決することで、自主的な社会がつくられ指導者も現れる。ある少数の者が創造的な方法を見つけ、他の者がまねすることで文明的な発展をしていく。これが一般的な発展方法である。Arnold Joseph Toynbee, "A Study of History", Oxford University Press, 1934.

ある。

　中国は、なぜ急速に発展できたのか。それは、4つの「革新」のおかげである。1つ目は、鄧小平による理論の革新である。鄧小平は「事実にもとづき、真実を求める」「思想の解放」をもとにして、国民を啓発し、社会全体の思想を変えようとした。2つ目は、経済体制の革新であり、計画経済から市場経済への転換である。3つ目は、市場の革新であり、開放によってこれを発展させた。4つ目は、科学技術の革新であり、国内外の新技術を導入し応用することで科学技術の革新を果たした。

　また、30数年間の改革開放期だけではなく、新中国設立（1949年）の前後30年にも注目すべきである。毛沢東は鄧小平の基礎であり、毛沢東が過ちを起こしたからこそ、鄧小平が改革開放をしたのである。また、10年間も続いた文革という「大きな混乱」があったからこそ、改革開放後「うまく治める」ことができたのである。この36年間、中国が安定的に発展できたのは、これらがすべて関係している。

　ある時点の数値だけではなく、全体的な変化からも中国の発展を予測する必要がある。中国の発展を予測する際、中国とその国民の学習能力を過小評価していることが多い。農村と農民の変化だけ見ても、中国の国民のレベルが大きく上がっていることが分かるはずだ。そのため、本書は中国の発展をデータ上で分析するだけではなく、発展の原因を深堀りすることにも努めている。

　中国は、すでに鄧小平後の時代に入っており、指導者の交替は制度で決められている。現代の指導者は、知識が豊富で専門性や判断力もあり、政策の決定も、制度にもとづいて科学的、

民主的に行われるようになった。[1]政府の役割も、経済発展から公共サービスの提供に変わりつつある。しかし「富民強国」という理想はこれまでと同じで、科学と経済の発展によって国民の生活を向上させ、総合力と国際競争力を高めることによって世界にも貢献をしようとしている。これが、中国の基本的な目標である。

五、本書の内容と構成

本書は全10章からなる。

本章では、中国の発展について解説した。すなわち、中国の発展をどの方面から予測するのか、中国独自の大国とはどのようなもので、それが世界にどのような影響を与えるのか、2020年までの中国の目標は何か、この急速な発展の中で中国はどのような国家戦略をとるべきかである。

第2章では、中国の経済発展を専門的な角度から解説する。そこでは、U字型曲線を使って中国の経済成長と工業化の過程について分析している。また、中国が今後どのように米国を上回り、世界最大の経済体となって総合的国力を高めていけばよいか、さらに、鄧小平の改革解放により新しい時代を切り開いた過程についても述べる。長い目で見ると、中国の発展はまだ初期段階であり、国際的な「キャッチアップ効果」と、国内の「格差の縮小」によって成長し続けるだろう。章の最後では、中国の発展における傾向と特徴について詳しく述べている。

第3章から第5章は、中国の社会と人口についてである。現在、

---

1 胡鞍鋼・王紹光・周建明『第二次転型国家制度建設（増訂版）』（北京：清華大学出版社，2009）。

経済と社会のバランスがとれていないことが中国の発展を妨げている。このため、急速な経済成長が多くの社会問題を引き起こしており、しかも、その問題は少子高齢化のようにすぐには解決できないものばかりである。

第3章では、総人口や生産年齢人口の構成を中心に、中国の人口について分析する。

第4章では、今後起こるであろう深刻な公的医療の問題に重点を置き「健康中国」という目標の実現方法、人間の能力向上の重要性について解説する。中国が現代化するための重点目標は、経済発展から人間の能力向上に変わりつつある。まずは、2020年までに、都市と農村の生活レベルを全体的に高めることが当面の目標になる。

第5章は人的資本、特にこの転換期における教育の重要性について解説する。目標は世界的な教育大国になることである。

第6章は、中国の科学技術の発展についてである。21世紀は知識経済が主流となり、独自の技術や知識をフルに活用することが経済成長の原動力になるため、経済発展の中でも知識経済を発達させていくことが必要である。現在、科学技術分野の人材は増え続け、科学技術の革新力も高まっている。知識の鎖国から知識の開放国になり、科学技術の面では、後進国から革新国になったと言える。21世紀にはいり、政府の5カ年計画の中に科学技術の発展も加えられたことにより、科学技術分野はさらに発展していくだろう。

第7章は、気候変動と環境汚染の問題である。中国は、利益を最優先し「汚染してから、後で考える」という方法をとってきた。今後は、環境破壊を伴わない発展をしていく必要がある。中国は国土が広く自然条件もさまざまなため、昔から自然災害

が多い。2008年には、南方の雪害[1]、四川大地震という2つの大災害によって大きな被害を受けた。今後は、災害を管理することも必要になるだろう。また、中国は石炭消費量と二酸化硫黄排出量が世界一多い国であり、エネルギー消費量と二酸化炭素排出量は世界第2位である。気候変動による影響も一番大きいため、この問題解決のために積極的に関わっていく必要がある。

　第8章は、中国の戦略と2020年の発展目標についてである。「富民強国」は、近年における中国指導者の悲願であったが、これは2020年に実現できるだろう。経済大国であるだけではなく、環境にやさしい現代的な国になれるはずだ。当然、これらの目標の実現には、国情に合った戦略が必要である。つまり、人類の発展戦略、知識の発展戦略、グリーンな発展戦略、開放によるグローバル化戦略、平和の発展戦略である。

　第9章は、中国が米国を上回るかどうか、総合国力から分析した。

　第10章は、世界から見てどのような大国になるか、世界にどのような貢献ができるのかを分析した。

　現在の発展状況から見ると、いずれは経済的に米国を上回るだろう。重要なのは、経済だけではなく、文化、科学技術、環境保全等の分野でも、国際的な責任を果たすことによって人類の発展に貢献することである。

1　2008年1月、豪雪によって、中国に来ていた数百万人の労働者が深刻な影響を受けた。World Bank, "World Development Report 2010: Development and Climate Change", p.45.

34

第2章

中国経済発展の現在、過去、未来

　中国経済は、その人口規模を考えるとほかの国とは違う発展をするはずである。現在、生産年齢人口が1億人以上であるのは、中国（7億7300万人）、インド（4億4800万人）、米国（1億5700万人）、インドネシア（1億1100万人）の4カ国である[1]。中でも、科学技術の研究開発に従事する技術者の人数が百万人以上であるのは、中国（394万人，2014年）と米国（276万人，2011年）だけである[2]。

　中国は急速に発展しており、GDP、貿易額、国内消費量については、米国と大差がなくなった。人口が最も多い開発途上国だった中国が、さまざまな面で米国を上回れば、世界の発展にも大きな影響を与えることになるだろう。

　イギリスの「産業革命」は「革命」と呼ばれるが、1人当たりの平均収入が2倍になるまで何世代もかかり、米国でも1世代を要している[3]。中国は1978年から2014年の36年間で、GDPは28.25倍、成長率は9.7％、1人当たりのGDPは19.80倍、年平均増加率は8.6％にまで達した[4]。平均すると、1人当

1　World Bank, "World Development Indicators 2009", p. 44-46.
2　中国の2014年の従事者数、『中国統計年鑑2015』、p.40；アメリカの2011年の従事者数、"OECD Factbook 2014": Science and Technology.
3　Alan Winters and Shahid Yusuf, eds., "Dancing with Giants：China, India, and Global Economy", World Bank, 2007.
4　『中国統計年鑑2015』、p.24-25。ただし、アンガス・マディソンによると、1978〜2006年の中国のGDP成長率は7.9％、1人当たりのGDPの増加率は6.7％である。Angus Maddison, "Chinese Economic Performance in the Long Run, 960-2030AD", Paris: OECD, 2007, p. 21.

たりの平均収入が8年で2倍になったことになる。しかも、人口はイギリスや米国より多いのである。この急速な発展は、中国の経済革命と呼んでもよいだろう。

　人口が世界で一番多く貧しかった中国だが、世界に占めるGDPの割合は急上昇した。市場為替レート（ドルベース）換算によるGDPは、1978年は世界第10位だったが、2009年に第3位となり、2010年には日本を追い越し第2位となった。[1]購買力平価では、1980年、米国、ソ連、日本、旧西ドイツに次ぐ第5位だったが、1992年には、米国に次ぐ世界第2位になっている。この期間、米国とのGDP（購買力平価ベース、1990年の国際ドル換算）の差は、1978年の4.37倍から2000年の1.86倍、2008年の1.08倍に縮小し、2010年には米国を上回った。[2]

　本章では、中国経済がどのように発展してきたのか、どのように短期間で工業化と現代化を実現したのか、どのように米国を越え世界一の経済国になったのか、この急速な発展は他の国家にどのような影響を与えたのか、世界金融危機は中国経済にどのような影響を与えたのかについて述べ、さらに、今後の経済発展の可能性についても解説する。

一、U字型曲線から見る中国の経済発展

　世界は工業化に伴って現代化してきた。工業化の後発国が先進国に追いつき追い越すこともあった。その代表は、米国、日

---

1 "China's Economy: Hello America", 2010/8/16, www.economist.com/node/16834943.
2 Angus Maddison, "Statistics on World Population, GDP, and per Capita GDP, 1-2008 AD", www.ggdc.net/maddison.

第 2 章　中国経済発展の現在、過去、未来

本、アジアNIEs（香港、シンガポール、韓国、台湾）である。

　米国は南北戦争の5年後、1870年に経済発展が始まった。1870年から1913年の43年間、米国のGDPはイギリスの76.6%から107.7%に増加し、成長率は3.94%だった。これは、移民の急増による効果も大きかった。1830年時点で、イギリスの経済規模は米国の2.3倍、人口は1.8倍だった。しかし、1913年には、米国の経済規模がイギリスの2.3倍になり、人口は21倍強になった。[1] この時から、米国が世界における新しい指導者となっている。

　日本は、第二次世界大戦後の1950年に経済発展が始まった。1950年から1973年の間、第1次石油ショックがあったにも関わらず、日本のGDPは年平均9.29%増加し、日本と米国の1人当たりのGDPの差は、5倍から1.5倍に縮小した。この日本の成長と発展は、世界最大の成功例だと言われている。[2]

　1960年代からの30年間は、アジアNIEsが発展し、先進国を追いかけた。

　1978年の改革開放後、中国は、米国、日本、西欧、アジアNIEsとの差を縮小してきた。これが中国の経済発展の始まりだと言える。人口規模と人的資本が増加する点で、中国の経済発展は、米国とよく似ている。ある程度の人口がなければ、強大な経済力を持つことはできない。経済の発展速度の点では、日本と似ている。しかし、日本は年平均9%の成長を維持できたのは23年間だったのに対し、中国はもう30年余り維持している。技術面から見ると、輸出と海外からの直接投資によって

1　Angus Maddison, "Statistics on World Population, GDP, and per Capita GDP, 1-2008 AD", www.ggdc.net/maddison.
2　同上。

発展してきた点で、アジアNIEsと似ている。中国とアジアNIEsとの大きな違いは、後者は人口が少なく国内市場も小さいことである。中国は、その人口、開放政策、長期的な社会の安定等の点で、発展の規模は他の国とは比べものにならないと言える。

　中国の特徴は、古くから人口が多かったことである。[1]10世紀から15世紀は農業が中心ではあったが、1人当たりの平均収入は世界一であり、技術力、自然資源、面積、すべてにおいて西欧を上回っていた。[2]1500年から1820年は、農業の最盛期で、経済規模も人口も世界一だった。しかし、その後は1人当たりのGDPが減少していった。これは、当時の経済成長が、生産力の上昇ではなく生産年齢人口の増加によるものだったことを示している。

　1750年以降、蒸気機関車の発明を機に、西側諸国では第1次産業革命が始まった。1800年代半ば、鉄道と電力による第2次産業革命が始まり、西欧、北米、オセアニア地域が工業国になっていった。しかし、中国は農業社会のままで現代化に乗り遅れ、経済的な地位が下がっていった。工業国の経済発展は「逆U字型」になることが多いが、中国の場合は「U字型」だった。

　1820年から1950年、世界に占める中国のGDPの割合は33％から5％以下になった。自給自足を続けた中国は、現代化していく世界に取り残されただけでなく、他国に侵略されることもあった。[3]1950年頃、中国は人口が最も多く、最も貧しい国だった。1日1ドル足らずで生活する人口は5億4000万人もお

1　Angus Maddison, "Chinese Economic Performance in the Long Run".
2　同上。
3　1956年、毛沢東は中国の没落が帝国主義の侵略をまねいたと考えた。1979年、鄧小平は中国の没落は長期にわたる鎖国政策のせいだと考えた。

り、世界の40％を占めていた[1]。また、1人当たりのGDPは、世界平均の5分の1、西側諸国の10分の1だった[2]。人間開発指数も世界最低の0.225であり、これはインドの0.247よりも低かった[3]。最初の工業化によって、GDPに占める工業の割合は10％程度になったが[4]、死亡率は20‰、新生児死亡率は200‰もあり、平均寿命は35歳、15歳以上の人が受けた教育年数は1年しかなかった[5]。中国の工業化、都市化、現代化は、このような状態から始まったのである[6]。

　1950年以降、中国は経済成長期にはいり、1人当たりのGDPの増加率は1％以上になった。1950年代から1960年代には、「大躍進」「文化大革命」という社会の混乱があったにも関わらず、工業化がすすんだ。その後、全国的な工業と経済のシステムがつくられ、これが工業発展の基礎となった。また、世界の7％の耕地と6.5％の水だけで世界の20％の人口を養っていた。1978年以前の中国の社会と経済については、もっと評価されてもよいと思われる。

　1978年に15歳以上の教育年数が4年以上になり、成年の非識字者率は33％（1949年は80％）に低下、人的資本（15歳から64歳の人口に15歳以上の平均教育年数を掛けたもの）も

1　Francois Bourguignom and Christian Morrisso, "Inequality among World Citizens:1820-1992", American Economic Review, 2002/9, p.727-744.

2　Angus Maddison, "The World Economy: A Millennial Perspective", Paris: OECD, 2007, tables B-20, B-21.

3　Nicholas Crafts, "The Human Development Index, 1870-1999: Some Revised Estimates", European Review of Economic History 6, No.3, 2002, p.395-405.

4　毛沢東「党第七回中央委員会第2回全体会議報告」, 1949/3（『毛沢東選集』, 1967, p.1320）。中国国家統計局のデータによると、1952年、農業はGDPの50.5％を占め、第二次産業と第三次産業はGDPの20.9％と28.6％をそれぞれ占めた。『新中国の50年：1949-1999』, p.17。

5　中国国家統計局「新中国60年統計」（2010）, p.3。

6　胡鞍鋼『中国の政治経済史論（1949—1976）』（清華大学出版社, 2007）, 第3章。

世界最大になった[1]。さらに、国民の健康状態が大幅に改善され、平均寿命が著しく延び、新生児と妊婦の死亡率は著しく低下した。1975年の人間開発指数は0.523と大幅に上昇し[2]、労働者や農民の地位が上がった[3]。また、総合国力も上がり、経済、政治、軍事の面で世界ランキングを上げた。1980年、中国の総合国力は世界の4.7％を占め、インド（3.4％）を抜いて、米国（22.5％）、旧ソ連（データなし）、日本（6.0％）に次ぐ世界第4位になった[4]。

　新中国の設立初期、中国はソ連にならって重工業の発展に重点を置いた。その後、毛沢東は中国独自の方法で、ソ連の教条主義（特にマルクス主義において、歴史的情勢を無視して原則論を機械的に適用しようとする公式主義）を打ち破ろうとしたが失敗に終わった。そして、1978年には世界でも最も貧しい国家のひとつに逆戻りしてしまった[5]。当時は、1人当たりの平均収入もきわめて低く、大部分の国民が低収入だったと思われる。世界銀行が定義する絶対貧困は1日1ドルで生活する者だが、これによると、中国の絶対貧困人口は4億9000万人もいたことになる。しかし、2002年には8800万人になり、人口

1　胡鞍鋼「人口大国から人的資本大国へ」（『中国の人口科学』第1号，2003，p.1-10）。
2　United Nations Development Programme, "Human Development Report", p.153.
3　World Bank Economic Study Group, "China: Socialist Economic Development", Main Report, Chinese ed. 1982.
4　総合国力は、国家の経済、軍事、科学技術、教育、自然資源等を反映するものである。ここでは、8つの戦略資源と、23項目の指標に重み係数をかけて総合国力を計算し、国家の実力を総合的に評価する。参考：胡鞍鋼・扉洪華，「中米印日露の戦略資源比較―中国の富国強民戦略」。
5　世界銀行の購買力平価によると、1978年における中国の1人当たりのGDPは340ドルで、低所得国の52％，中所得国の26％だった。World Bank, "World Development Indicators".

に占める割合も49%から5.9%と大幅に減少した[1]。

　鄧小平の経済改革は、経済成長によって貧困人口を減らし、全面的な小康社会を建設するというものだった。これは、旧ソ連の改革とは全く違っており、その結果、ソ連は解体したが中国は立ち直った[2]。1978年、中国のGDPはソ連より少なかったが、1990年にはソ連の1.85倍になり、2006年にはロシアの7倍以上になった。1人当たりのGDPも、1978年はソ連の16%に過ぎなかったが、2006年にはロシアの89%に達した。ロシアと中国の改革後の姿を見れば、いかに改革をすすめるかが、どれほど重要か分かるだろう。

二、中国の経済成長の要因

　中国の経済成長には2つの大きな要因がある。1つは、土地、労働力、資本、エネルギー等の資源を投入したこと、もう1つが、技術が進歩し生産性が高くなったことによるTFP（全要素生産性）の上昇である。

　目に見える生産要素と異なってTFPは無形であり、主に、組織や構造の変化による生産性の向上と、知識による生産性の向上の2つに区分できる。組織や構造の変化による生産性の向上とは、例えば、農業労働力が非農業労働力に移転することにより、生産性や経済効率がよくなることである。知識による生産性の向上とは、知識の蓄積、技術革新、労働の質の向上、人的資本への投資、情報と通信技術の発展、外部からの知識の吸

1　World Bank, "China: Country Economic Memorandum- Sharing the Oportunities of Economic Globalization", 2003.
2　Angus Maddison, "Six Transformations in China, 960-2030", www.ggdc.net/maddison, 2009.

収、研究と設計への投資の増加によって生産性が上がることである。

また、中国が特に経済成長した時期は2つある。

1つ目は、計画経済期（1952～1977年）である。当時、GDP成長率は6.1％であり、特に、1952年から1957年は9.2％もあった。しかし、「大躍進」「文化大革命」のため、1978年以降の成長期よりも低かった[1]。

1957年11月、毛沢東がモスクワを訪問した際、フルシチョフは、工業製品の生産量と1人当たりの工業製品生産量について、15年以内に米国を上回りたいという計画を話した。この影響を受けた毛沢東は、帰国後、同じような政策をすすめようとした。つまり、15年以内に鉄鋼と他の主な工業製品の生産量について、イギリスを越えると宣言したのだ。しかし、毛沢東は経済成長が遅いと感じて「大躍進」を実施した。その目標は、鉄鋼の生産量について、2年以内にイギリスを、4年以内にソ連を、10年以内に米国を上回ることだった[2]。1958年の経済成長率は21.3％となっているが、その後、「大躍進」はそれまでにない経済危機をまねいた。1961年、GDPは27.3％減少、1962年も5.6％減少し、1965年には「大躍進」の前より41％も低くなった[3]。1960年代初め、経済がようやく回復してきたが、1966年に毛沢東が「文化大革命」を始め、「大躍進」と同様、経済成長に大きな打撃を与え、GDP成長率は大幅に低下した[4]。

1　李先念『李先念選集』（北京：人民出版社，1981），p.423-424。
2　薄一波『若干重大な決策と事件の回顧 第2巻』（北京：中央党校出版社，1993），p.700-702。
3　胡鞍鋼『中国政治経済史論 (1949-1976)』（清華大学出版社，2008），p.289-290。
4　胡鞍鋼『毛沢東と文革』（香港：大風出版社，2008）。

第2章 中国経済発展の現在、過去、未来

　計画経済期の経済成長は、資本の投入による寄与度が主で、
1952年から1977年は75％を占め、人的資本と労働力がそれ
ぞれ20％と13％だった。この時期のTFPの寄与度はマイナス
だった。

　2つ目は、改革開放後（1978～現在）である。この時期、
経済成長率が計画経済期より高かったのは、TFPが増加した
からである。1978年から2005年、資本投入量は2％減少、
経済成長への寄与度も39％に下がり、人的資本と労働力の寄
与度は7％と8％にそれぞれ下がった。しかし、TFPの寄与度
はマイナスから46％に急上昇した。この時期は、TFPの増加
が経済成長に最大の貢献をしたと言える[1]（表2.1参照）。

表2-1　中国経済成長の要因（1952～2005年）

単位：％

要因	1952-1977年	寄与度	1978-2005年	寄与度
GDP	6.1	100	9.6	100
物的資本	11.5	75	9.5	39
労働力	2.6	13	2.4	8
人的資本	4.1	20	2.1	7
TFP(a)	-0.5	-8	4.4	46

データ出所：Hu Angang and Liu Taoxiong: "Comparison of Defense Capital
Power among China, U.S., Japan, and India", Strategy and Management 6,
2003. Chang Li, "Study of Regional Gaps in Human Capital and Economic
Development",(master's thesis,Tsinghua University.『中国労働力統計年鑑2000』、
『中国統計摘要2004』、p.38-42。
注：（a）TFP（全要素生産性）は、資本投資（0.4）、労働力（0.3）、人的資本（0.3）で
計算

1　ポール・クルーグマンは、中国の成長は資本投資によるもので、効率が
　よいわけではないため、この成長方法には限界があると述べている。Paul
　Krugman, "The Myth of Asia's Miracle", Foreign Affairs 73, No.6, 1994. アルウ
　イン・ヤングは、改革における非農業部門の生産性に期待したが、そうでも
　なかったと述べている。Alwyn Young, "Gold into Base Mettals: Productivity
　Growth in the People's Republic of China during the Reform Period", Journal
　of Political Economy 111, No.6, 2003.

それでは、なぜ改革開放後、TFPが増加したのだろうか。中国の改革は他の国と異なっており、従来の経済成長の理論やモデルでは説明できない。なぜなら「思想の解放」にもとづいた経済改革と言えるからである。つまり、鄧小平の「思想の解放」により、知識、経験、革新等が積極的に導入され、それが経済成長につながったのである。資本、労働力、資源等の投資だけに頼らなくても、経済成長できるということである。この「思想の解放」は、毛沢東の晩年の過ちから生まれたとも言える[1]。中国では、思想は特別な効果を持っている。10数億人の考え方が変われば、それは革新となるからだ。

　毛沢東はこのような考え方を否定したこともあるが「指導者の正しい思想を大衆が把握すれば、社会に変革が起き、世界も変えることができる[2]」とも述べている。

　中国の改革は、東欧や旧ソ連とは全く違う。中国の場合、鄧小平が、まず指導者たちに思想解放を訴え、次に思想解放運動によって国民の考え方を変えたのだが、東欧と旧ソ連は指導者や政党がそっくり交代しただけである。

　「思想解放」の背景には、毛沢東の「事実にもとづき真実を求める」という言葉がある。新しい問題に取り組む時には、この言葉をもとに、よりよい解決策を見つけるのである。毛沢東の思想は、世界ではともかく、中国の国民にとっては受け入れやすいものである。鄧小平も、毛沢東の思想から多くのヒントを得て、改革開放等の新しい理論を展開してきたと思われる。

　「革新を広める」という鄧小平の1つ目の理論は「猫の理論」

1　胡鞍鋼『中国政治経済史論(1949-1976)』(清華大学出版社, 2008), p.556-559。
2　毛沢東「正しい思想はどこから来るか」, 1963/5 (『毛沢東著作選集 乙種本』, 中国青年出版社, 1965)。

とも呼ばれる。いわゆる「黒猫であろうと白猫であろうと、ネズミを捕るのがよい猫」というものである。

2つ目は「真理と事実」であり「上のみに頼らず、書のみに頼らず、ただ実践に頼る。意見を交換し、比較し、繰り返し考える」という陳雲の言葉がもとになっている。

3つ目は「探求理論」である。これは「石橋をたたいて渡る理論[1]」とも言われ、模索しながら注意深く進む、ということである[2]。これも、陳雲の「改革は、ゆっくりすすめるべきだ。改革は複雑なもので、急ぎすぎるとうまく行かない。改革は、理論の研究、経済の統計、経済の予測をもとにするべきである。もっと大事なのは、とにかく実践し、それを毎回総括することである。つまり、『石橋をたたいて渡る』ということだ」という言葉がもとになっている。これまで、多くの国が改革に失敗してきたのは、激しい変動の中で強引に経済の転換をしようとしたからである。しかし、石橋をたたきながら渡って行けば、変動を避けることができる。改革をする時は、そのメリットを追求するだけではなく、リスクも最小限にとどめる必要がある。

改革の過程で指導者らの能力は著しく向上した。陳雲、李先念、薄一波は、毛沢東時代は計画経済の設計者だったが、鄧小平が指導者になると、制度改革の設計者と発起人となった[3]。つまり、計画経済は中国の国情に合っていないという党内の合意のもとで改革が実施されたのだ。これは、歴史と「文化大革

1　陳雲「経済と教訓」, 1980/12/16 (『陳雲文選 第3巻』, 北京：人民出版社, 1995, p.278)。
2　鄧小平は「初めてのことに対しては模索するしかない。たとえ間違ったとしても、検証することで過ちに早く気づけば、大きな過ちにはならない」。と述べている。鄧小平「米国インタビューへの回答」, 1986/9/2 (『鄧小平文選 第3巻』, 北京：人民出版社, 1993, p.174)。
3　1956年以降は、党中央政治局常務委員と副首相となった。

命」で学んだ教訓を生かしたのだろう。鄧小平と陳雲のおかげ
で、中国はソ連のような解体を免れ、独自の新しい道を切り開
くことができたのである。

三、中国の経済成長の可能性

中国は現在も経済発展を続けており、今後もしばらくの間は、
比較的高い成長率を維持するだろう。中国の経済成長の要因は、
①国内外のキャッチアップ効果、②国内の貯蓄率と投資率の高
さ、③人的資本の増加、④非農業人口の増加、⑤TFP（全要
素生産性）の上昇によるものである。

1. 国内外のキャッチアップ効果

中国の1人当たりのGDPは低いため、2つの面でキャッチア
ップ効果がある。

1つ目は、国際的なキャッチアップ効果である。一般的に、
開発途上国と先進国との1人当たりのGDPの差が大きいほど、
開発途上国の経済成長率は高くなる。中国は、1978年から、
このキャッチアップ効果によって発展してきたと言える。アン
ガス・マディソンによると、2005年における中国の1人当た
りのGDP（1990年の国際ドル換算）は、米国の18.3%、韓国
の57.5%、台湾の62.6%[1]であり、世界銀行のデータによると、
2005年における中国の1人当たりのGDP（2005年の国際ド
ル換算）は、米国の9.8%、韓国の51.2%、台湾の62.6%だっ
た。2005年における1人当たりのGDPは、米国との差がまだ

1　Angus Maddison, "Six Transformations in China 960-2030", www.ggdc.net/
maddison, 2009.

第2章　中国経済発展の現在、過去、未来

大きいことから、2030年くらいまでは高い成長率が見込まれる。

　2つ目は、国内におけるキャッチアップ効果である。国内でも、沿岸部と内陸部で大きな差がある。後進地域である内陸部の1人当たりのGDPは、先進地域である沿岸部より極めて低い。そのため、後進地域である内陸部でキャッチアップ効果が見込める。2000年から、中国の内陸部のGDP成長率は加速を始めた。さらに、内陸部の人口が沿岸部に移ったため、内陸部の7省と自治区では人口が減少した。2004年から、1人当たりのGDPの格差は縮小しており、国内におけるキャッチアップ効果がはっきりと表れている。上海、北京、その他の沿岸部の都市では、先進国との1人当たりのGDPの差が縮小している。1人当たりのGDPが先進国より相当低いのは内陸部がほとんどだが、この地域でも長期的な経済成長がまもなく始まるだろう。世界銀行のデータによると、経済発展が最も遅れている青海省でも、1980年代中期から1990年代末まで、1人当たりのGDP増加率は6.9％に達しており、韓国の5.8％を上回った。その後も、2001年から2008年における同省の1人当たりのGDPの増加率は10％以上である[1]。

　ただし、キャッチアップ効果が表れるには条件がある。国際的なキャッチアップ効果なら経済のグローバル化が必要である。国内的なキャッチアップ効果なら、統一された国内市場のもとで市場競争があることと、地区ごとの経済調整が必要である。

1　『中国統計年鑑2009』，p.29。

2．国内の貯蓄率と投資率の高さ

　国内の貯蓄率と投資率の高さが、中国経済の原動力になっている。1995年から2007年における国内貯蓄率は、中国では43％から55％に増加したが、米国では16％から14％に下がった[1]。中国人民銀行総裁の周小川は、国内において貯蓄率が急速に増加しているのは、家庭貯蓄の増加だけでなく、企業貯蓄が著しく増加していることが原因だと考えている[2]。イタリア生まれの米国経済学者、フランコ・モディリアーニの「ライフサイクル仮説」によると、総人口に占める非生産年齢人口が増加すると、老後のために預金するようになり、そのため個人の貯蓄率が上昇する。また、GDP成長率が加速する時は、個人の貯蓄率も増加し、正常な貯蓄率より高くなるという。この2つは両方とも中国に当てはまっている[3]。

　その他、GDPに占める総資本形成（GCF）の割合が上昇している。1996年から2000年のGCFはGDPの36.5％だったが[4]、2001年から2005年には40.7％、2006年から2008年は42.8％に増加した[5]。世界銀行のデータによると、2000年から2007年、中国のGCFの増加率は11.5％から13.4％の間だった。同時期の米国は7.5％（2001～2005年）と2.5％（2006～2008年）だった[6]。2006年から2020年にかけては10％増加する見込みで、これも経済成長に大きく貢献するだろう。労働力投入量がそれほど増加しなくても、1人当たりの資本の増加率が9.7％を上回れば、労働生産性は大幅に上がる。事実、

1　World Bank, "World Development Indicators 2009", p. 232-34.
2　周小川『貯蓄率に関する分析』（北京：中国人民銀行，2009）。
3　同上。
4　総資本形成とは、減価償却済みの固定資産と総固定資産を足したものである。
5　『中国統計年鑑 2009』，p.35。
6　World Bank, "World Development Indicators 2009", p. 236.

第2章　中国経済発展の現在、過去、未来

国内の投資率が上昇した時期は、労働生産性も上昇しており、1995年から2000年、労働生産性の上昇率は7.6％、2001年から2013年は9.5％だった。[1]労働生産性が上昇すれば、国際競争力も強くなるはずである。

3．人的資本の増加

　21世紀にはいると、中国の人的資本の増加率が高まった。2000年から2014年、高校教育を受けた人数は、1億4000万人から2億2000万人になり、年平均増加率は3.37％だった。同時期、大学教育を受けた人数は、年平均8.9％増加して、4563万人から1億5059万人になり[2]、これは米国の生産年齢人口である1億4000万人を上回った。2020年までには、約2億人に達する見込みである。また、2009年には研究開発に従事する者は318万人[3]、2014年には380万人になり、米国の2011年の276万人を大幅に上回った。[4]現在も、中長期的な教育発展プロジェクトと人材育成プロジェクトを実施しており（2010～2020年）、2020年には人的資本を世界のトップレベルにすることを目指している。[5]2014年から2020年、人的資本の投資と15歳以上の人口が受けた教育年数は2％増加、2020年には、大学卒業程度の人数が2億人以上に達する見込みである。人的資本の増加は、経済成長に大いに貢献するだろう。[6]

1　『中国統計年鑑2014』、p.10。
2　第5回と第6回の国勢調査と2013年の全国人口サンプリング調査のデータから推計したもの。
3　国家統計局「第2回全国研究開発資源の調査公報」（2010）。
4　『中国統計摘要2015』、p.150；米国のデータは、OECD, "Factbook 2014"
5　筆者はこのプロジェクトに関与した。
6　王小魯らは、2008年から2020年の中国の経済成長率を6.7～9.0％と予測した。王小魯・樊綱・劉鵬『中国の経済成長の転換と持続可能な成長』。

49

4．非農業人口の増加

　労働投入量の増加が緩慢になるにつれ、非農業部門の雇用者数が増加している。また、生産年齢人口の増加率がゼロに近づくにつれ、労働投入量の増加も少なくなり、2010年にピークを迎えた後は下がっている。労働投入量の増加が少なくても、大量の農業労働者が非農業部門に移行したことによって、労働生産性が上昇したと思われる。中国の農業部門における生産年齢人口は、2002年から2014年で3億6600万人から2億2800万人になり[1]、2020年には2億人以下に減少する見込みである。非農業部門の生産年齢人口は、2000年から2014年で3億6800万人から5億4500万人に増加し、その年平均増加率は2.8%だった[2]。今後も、非農業部門の生産年齢人口は、年平均2.8%程度で増加すると思われる。

5．全要素生産性（TFP）の増加

　TFPの増加は、高度経済成長を維持するために重要であり、中国ではここ数年増加を続けている[3]。中国は成長率を7%程度で維持しながら経済成長の質を高め、経済構造を調整することによって、エネルギー消費と汚染物質の排出が少ない緑色発展を目指すべきである。このためには、安定、かつ健全な経済発展を持続しなければならない。

　高度経済成長に伴って経済構造も変化していく。多様化する

1　『中国統計摘要2015』、p.39。
2　同上。
3　筆者は2001年、労働力と資本の増加が経済成長に有効なのはもちろんだが、TFPが最も重要だ、と指導者に伝えた。胡鞍鋼「TFPが経済成長を決める」（『国情研究報告』第46号，2001年）。世界銀行の専門家は、中国の急成長はTFPの急上昇によるものだと考えており、2005年から2020年の増加率は3.5〜4.0%になると予測している。World Bank, "China Economic Quarterly", 2009/6.

第2章 中国経済発展の現在、過去、未来

経済構造と工業構造が調整され、それが利益構造にも影響する。
そして、特に輸出と輸入、貯蓄と消費のバランスがとれるよう
になり、国際収支もバランスがとれてくる。国家もこの影響を
受け、持続可能な経済発展ができる政策を制定しやすくなる。

　1人当たりの平均収入の増加によって消費量も増加し、消費
は多様化している。都市においては、エンゲル係数が下がり生
活が豊かになってきている。外食費の割合が増加し、これが、
食品加工業や飲食サービス業の発展にもつながっている。教育、
文化、娯楽の消費額は第2位、交通、通信、住宅の消費額は第
3位である。また、携帯電話の利用は一般的になり、パソコン
を使用する者も増加している[1]。都市では、自動車の保有者が
急増し、それに関連するサービスの需要も増加している[2]。こ
れがサービス業発展の基礎となり、特に現代的なサービス業、
例えば、金融サービス業、ハイテク関連のサービス業が発達し
ている。

　しかし、農村の生活は都市よりも遅れており、1990年の農
村の生活は、1978年の都市と同程度である。2000年の農村の
生活は、1995年の都市と同程度で、12年の差が5年に縮小さ
れた。しかし、2006年の農村の生活は、1999年の都市と同じ
程度となり、その差は7年に開いてしまった。エンゲル係数が
60％以上だと絶対的貧困状態、50％以下になると衣食が満ち
足りた状態だと言われる。中国は過去30数年間で60％以下に

1　OECDによると、2005年、都市の家庭においてパソコンを使う割合は、ドイ
　ツが69.9％、イギリスが80.5％、2003年の米国は61.8％であった。OECD,
　"Factbook 2007"。2001年、中国の家庭においてパソコンを使う割合は
　13.3％だったが、2005年には、41.5％に上昇した。『中国統計年鑑2010』、
　p.119。
2　2000年、都市の家庭におけるサービス消費支出の割合は45.7％だったが、
　2006年は52.5％に増加した。『中国統計年鑑2007』、p.118。

なり、まず都市の住民が豊かになった後、中国全体が豊かになってきたと言える（表2-2参照）。都市と農村の格差はまだあるが、全体的なエンゲル係数は下がっており、2014年のエンゲル係数は、都市が30.0%、農村が33.6%であった。2020年には全体で30%以下になるだろう。

表2-2　中国の都市と農村におけるエンゲル係数と生活水準(1978〜2020年)

年	都市人口（億人）	エンゲル係数(%)	生活水準	農村人口（億人）	エンゲル係数(%)	生活水準
1978	1.72	57.5	衣食に不足なし	7.9	67.7	絶対貧困
1990	3.02	54.2	衣食に不足なし	8.41	58.8	衣食に不足なし
2000	4.59	39.4	豊か	8.08	49.1	ゆとりがある
2009	6.22	36.5	豊か	7.13	41.0	ゆとりがある
2014	7.49	30.0	さらに豊か	6.19	33.6	豊か
2020	8.79	27以下	さらに豊か	5.41	30以下	さらに豊か

データ出所：『中国統計摘要2015』、p.39、58、60。2015-2020年のデータは筆者の推計

　中国では、生産構造にも大きな変化があった。GDPに占める農業付加価値の割合は、1978年の28.2%から2014年の9.2%に減少、2020年には5%以下になるだろう。一方、GDPに占める工業付加価値の割合は、2006年の41.8%をピークとし

て、2014年には35.8％に下がった。[1] 第10次、第11次5カ年計画ではサービス業を年3ポイント増加させるという目標を達成できなかったため、第12次五カ年計画（2011～2015年）でも、サービス業を主要な産業にすることを目標とし、5ポイントの増加を目指した。今後は、GDPに占めるサービス業の割合が増加し、2020年には54％くらいになるだろう。サービス業は、これからまだ発展する可能性が大いにあると言える。

2014年に1人当たりのGDPが1万ドル以上だったのは、天津、北京、上海、江蘇、浙江、内モンゴル、遼寧、福建、広東の9地区である。2020年までに、中国は中所得国から高所得国に近づき、8億人程度が高いレベルの生活をしているだろう。高度経済成長を維持できれば、西側諸国よりも高い貯蓄率、投資率、人的資本の投入も維持できる。また、労働投入量は下がるが、生産年齢人口の能力が向上し、生産性は高くなる。つまり、TFPが高い増加率を維持すれば、今後も経済発展を維持できるだろう。

改革開放の30数年間、政府は経済を安定させ、世界金融危機後も比較的早く経済を回復させた。これからも柔軟に対応していけば、大きな経済の変動は起こらないだろう。現在は「世界の工場」に過ぎないが、経済構造と貿易構造の転換によって、世界的なサービス供給国となり、研究開発の中心にもなるだろう。そのためには、巨大な内需を十分に利用して、世界最大の国内消費市場と国際輸入市場を作りあげることも重要である。

---

1 『中国統計年鑑2015』、p.23。

四、中国のGDPは、どのように米国に追いつくのか

世界に占める中国のGDPの割合は上昇しており[1]、市場為替レート換算（ドルベース）によると、2010年に世界第2位の経済国になった。購買力平価ベース（1992年の国際ドル換算）によれば、1992年には、中国は世界の第2位の経済国になっている[2]。次の目標は、米国のGDPを上回ることである。これに関しては、さまざまな意見があるが、追いつくのは時間の問題だろう。これは、米国にとっては脅威でもあり、米国が中国経済の研究を始めた理由でもある[3]。

それでは、中国のGDPはいつ米国を追い越すのか。これは、さまざまな視点や方法から導き出すべきである。21世紀の国民経済計算（SNA）によると、どの国家も大国になる可能性があるという[4]。しかし、情報は多種多様であり、正確とも限

---

1 胡鞍鋼「中国と米国のGDPの差を縮小する」（『世情報告』24号，2007/7）。

2 2009年のアンガス・マディソンのデータによると、米国のGDP（購買力平価ベース）は、2008年の中国の1.17倍である。Maddison, "Statistics on World Population"。CIAのデータによると、2008年のGDP（購買力平価ベース）は、中国が7兆8000億ドル、米国は1.83倍の14兆2900億ドルである。CIA, "World Factbook"。世界銀行のデータによると、2007年のGDP（購買力平価ベース）は、中国が7兆835億ドル、米国は1.95倍の13兆829億ドルである。World Bank, "World Development Report 2000": Reshaping Economic Geography.

3 Craig K. Elwell, Mare Labonte, and Wayne M. Morrison, "Is China a Threat to the U.S. Economy?" Congressional Research Service Report RL 33604, 2007.

4 国民経済計算は市場経済計算でもあり、その指標は、GNP、GDP、付加価値、最終消費、総資本（総投資）等があり、ほとんどの国家で採用されている。サイモン・クズネッツは1937年の米国国会報告で、GNPという概念を提出した。1984年ノーベル経済学賞を受賞したケンブリッジ大学のジョン・リチャード・ニコラス・ストーンは国民経済計算体形（新SNA）を開発した。ポール・A・サミュエルソンとウィリアム・ノードハウスの共著『経済学』（18版）では「GDP等の国民所得の計算は確かに分かりにくいが、20世紀の偉大な発明とも言える。人工衛星が天気を調査できるように、GDPは経済状態の全体図を見せてくれる。それは、灯台のように経済の目標を示すものだ」と述べている。Paul Anthony Samuelson and William DaWorld Bankney Nordhaus, "Economics", 18th ed ; Steven Landefeld, "GDP: One of the Great Inventions of the 20th Century", Survey of Current Business, 2000/1.

第 2 章　中国経済発展の現在、過去、未来

らないので、GDPを完璧に予測することは不可能である。[1]　た
だ、保守的な予測と楽観的な予測の間に実際は収まるものであ
る。以下は、中国が米国に追いつくかどうか、3通りの方法で
予測したものである。

①物理的計測法

　物理的計測法は、農業や鉄鋼といった実際の産出物数量を使
って、国の経済力を比較する方法である。

　中国も米国も、農業資源は豊富である。国連食糧農業機関
（FAO）の2000年のデータを見ると、耕作可能な土地面積は、
米国が1億7600万ha、中国が1億3700万haで、どちらも非
常に広い。1979年から1981年、中国の農業生産高は米国を
上回り、特に、果物や野菜といった労働集約型の生産高は大幅
に上回った。肉類の生産量も米国よりはるかに多く、土地集約
型の生産高も米国を上回った。中国は世界最大の農業生産国で
あり最大の消費国でもあるが、米国は世界最大の農産物輸出国
である。

　また、主な工業製品も、すでに米国を上回った（表2-3参照）。
2005年、170品目の工業製品の生産量が第1位になったが、
ブランド力はほとんどなかった。[2]　2013年には、220品目の工
業製品の生産量が第1位となり、中国ブランドも30近くに増

1　量子力学における不確定性原理は、コペンハーゲン大学ニールス・ボーア
　研究所のハイゼンベルクが導いたもので、ある粒子の位置をより正確に決
　定するほど、その運動量を正確に知ることができなくなるというものであ
　る。
2　2005年における世界のブランド500のうち、米国が249、フランスが46、
　日本が45を占めた。中国は、中央電視台（CCTV）を含めた4つのブランド
　しかなかった。また、世界の価値ある100ブランドでは、中国のブランドは
　1つしかなかった。

55

表 2-3　世界に占める中国の主な工業製品の割合と順位

工業製品（年）	世界に占める割合（%）	順位	工業製品（年）	世界に占める割合（%）	順位
タングステン鉱 (2005)	87	1	エネルギー (a) (2006)	15	1
コンピューター (2005)	84	1	水道、電気 (b) (2006)	14	1
ＤＶＤ (2005)	79	1	バナジウム鉱 (2005)	29	2
デジタルカメラ (2005)	53	1	造船契約量 (2006)	27	2
化学繊維 (2005)	45	1	リン酸肥料 (2002-03)	23	2
すず鉱 (2005)	41	1	紙類 (2005)	15	2
カラーテレビ (2005)	41	1	電力 (a) (2006)	15	2
携帯電話 (2005)	40	1	銅精鉱 (2004)	14	2
石炭 (b) (2006)	39	1	合成ゴム (2005)	14	2
鉄鋼 (2005)	36	1	モリブデン鉱 (2005)	19	3
鉛鉱 (2005)	33	1	鉄鉱 (2005)	17	3
粗鋼 (2005)	31	1	建築竣工量 (2006)	15	3
尿素 (2002-03)	27	1	銀鉱 (2005)	12	3
鉛精鉱 (2004)	26	1	旋盤金属加工 (2006)	12	3
亜鉛 (2004)	25	1	砂糖 (2005)	8	3
硫酸 (2005)	24	1	マンガン鉱 (2005)	11	4
亜鉛鉱 (2005)	22	1	金鉱 (2005)	9	4
アルミニウム (2004)	22	1	自動車 (b) (2005)	9	4
ビール (2005)	19	1	石油 (b) (2006)	5	5

データ出所：日本，（財）矢野恒太記念会編『日本国勢図会 2007/08』；(a) のデータ出所：世界銀行，『世界開発指標 2009』；(b) のデータ出所：BP『BP 世界エネルギー統計』，2007 年 6 月

加した。[1]

②市場為替レート換算法

市場の為替レート換算法を使って、中国と米国のGDPを比較できる。しかし、この方法は、特にサービス業に関して差が出やすい。これは、中国と米国における生活費と生産コストに大きな差があるためで、この方法を使ったGDPの比較は、国民の実際の福利を正確に表しているとは限らず、大きな誤差が出る可能性もある。データは世界銀行によるものであり、2000年の米ドルをもとに計算してある。まず、GDPを構成する、農業生産の付加価値、工業製品の付加価値、サービス産業の付加価値について見てみる（表2-4参照）。

農業生産の付加価値は、1990年以降、米国を上回り、2000年に米国の1.56倍になり、2013年には2.56倍になった。し

表2-4　中国と米国のGDPと三大産業の付加価値の差（米国／中国）
（1990～2013年）

単位：倍

	1990	2000	2005	2010	2013
GDP（為替レート換算法）（2005年米ドル換算）	15.67	8.15	5.8	3.54	2.97
農業付加価値	1.1	0.64	0.56	0.41	0.39
工業付加価値	9.13	4.12	2.69	1.55	1.42
サービス業付加価値	36.5	15.8	11.01	6.43	5.01

データ出所：世界銀行データバンク

---

[1]　2014年における世界のブランド500のうち、中国のブランドは29に増加し、世界の価値ある100ブランドでも5つに増えた。内訳は、中央電視台（57位）、国家電網（60位）、中国工商銀行（65位）、チャイナモバイル（81位）、Lenovo（86位）である。「人民日報」、2015/4/16。

かし、労働生産性の差は大きく、この差を縮小するにはまだ時間がかかるだろう。

工業生産の付加価値は、米国との差が1990年の9.13倍から、2013年には1.42倍に縮小した。

サービス産業の付加価値については、米国と差を大きく縮小した。1990年、米国のサービス産業の付加価値は中国の36.5倍もあったが、2013年には5.01倍に縮小した。ただ、為替レート換算法で計算すると、米国は過大評価、中国は過小評価されるようである。なぜなら、米国では労働集約型のサービスが中国よりはるかに多いからだ[1]。中国のサービス業の労働生産性は、米国よりはるかに低いが、雇用人数は米国の2倍以上あり、現在も増加中である[2]。

GDPにおける中国と米国の差は、1990年は15.67倍だったが、2000年には8.15倍、2013年には2.97倍に縮小した。その中で最も差があったのはサービス業である。2009年、米国のサービス業はGDPの76.9%を占めたが、中国は44.4%に過ぎなかった[3]。今後は、サービス業を特に重視する必要があるだろう。

また、人民元はドルに対する価値が上がっているため、今後は購買力平価換算の国際価格に近づいていくだろう。ドルに対する人民元の価値が毎年3%上がるとすると、2020年に1ドルは5.2元くらいになり、GDPデフレーターを考慮すると、中国のGDP（国際ドル換算）は、2020年前後に米国を追い抜く

---

1 李徳水『中国GDPと構造変化』, 2005/12/20, 新華社, http://www.cctv.com/news/china/20051220/100895.shtml。
2 2000年から2014年で中国のサービス業の就業人口は1億9800万人から3億1400万人に増加し、年平均増加率は3.3%だった。
3 World Bank, "World Development Indicators 2009", p. 208-209.

第 2 章　中国経済発展の現在、過去、未来

ことになる。為替レート換算法によってGDPを比較する場合、中国の経済成長率だけではなく、米国のGDPや人民元の為替レート等も関係してくるということだ。

③購買力平価

アンガス・マディソンによると、GDPの比較には、為替レート換算法より購買力平価が最適だという。ただし、非貿易商品とサービス業は、為替レート換算法を使わざるを得ない。マディソンは、為替レート換算法による中国のGDPは低すぎるとも述べている。例えば、2003年、為替レート換算法による中国のGDPは米国の15%しかないが、購買力平価では75%にもなる[1]。

世界銀行のデータをもとに、購買力平価を使って計算すると、1997年の中国と米国のGDPの差は3.14倍だったが、2005年に2.03倍に縮小し、2014年には米国を上回った（表2-5参照）。

表2-5　中国と米国のGDPと三大産業の付加価値の差（米国／中国）
（1997～2014年）

単位：倍

	1997	2000	2005	2010	2013	2014
GDP （購買力平価） （米ドル換算）	3.14	2.85	2.03	1.24	1.04	0.99
農業付加価値	0.24	0.22	0.2	0.14	0.14	0.13
工業付加価値	1.59	1.44	0.94	0.54	0.5	0.47
サービス業 付加価値	6.86	5.52	3.84	2.24	1.75	1.67

データ出所：世界銀行データバンク；2014年のGDPはIMFデータバンク

1　Angus Maddison and Harry Wu, "Measuring China's Economic Performance", World Economics 19, No.2, 2008.

2015年に出された国際通貨基金（IMF）の「経済見通し」でも、2014年、世界に占める米国のGDP（購買力平価ベース）は16.1％、中国は16.3％で、米国を上回った。

毛沢東は、早くから米国を追い越すことを考えており[1]、1955年と1956年の党第8期全国代表大会で、次のように述べている[2]。「中国は人口が6億人もいるのだから、社会主義革命によって世界の歴史と国家を変えなければならない。15年後には工業化し、農業、手工業、資本主義の商工業に対して社会主義的な修正を加え、数十年以内には米国に追いつく必要がある。これは、民主主義革命と同じか、それ以上に困難だろう」。それから40年後の1995年、中国のGDPは、米国の5分の1に達した[3]。しかし、中国の1人当たりのGDPは、まだ米国より大幅に低く、米国をいつ上回るかは今後の指導者にかかっている。

中国が2020年まで年7％の経済成長を維持するなら、1978年から2020年の42年間で、GDPは42倍程度の増加になる。これは、180年間（1820～2000年）における西欧12カ国のGDPの合計に相当する[4]。今後は、経済成長が安定して持続す

1　毛沢東『毛沢東選集 第5巻』（1977）。
2　毛沢東は次のように述べた。「われわれは党内外と国内外で団結し、社会主義国家を建設しなくてはならない。党、人民、革命、社会主義国家の建設はすべて偉大だと言ってよいだろう。人口が6億人もある国は1つしかない。私達が見下されたのはなぜか。それは、世界に貢献してないからだ。鉄鋼は年数十万トンで、日本人に支配されていた。国民党の蒋介石独裁の22年間は年数万トンに過ぎなかった。しかし、今年は400万トン以上である。来年は500万トン、次の5カ年計画では1000万トン、その次は2000万トンを上回るように努力しなければならない。世界で鉄鋼の生産高が2000万トンを超える国はわずかである。偉大な社会主義国家を建設することで百年余りの後れを取り戻し、他の国に見下されるような最悪の情況から抜け出すのだ。そして、世界最強の資本主義国家、米国に追いつくのだ」。毛沢東「党全国代表会議の演説」（『毛沢東文選 第5巻』，1977, p.314-315）。
3　Maddison, "Statisticson World Population".
4　Angus Maddison, "Historical Statistics of the World Economy: 1-2006 AD", www.ggdc.net/maddison.

るかどうかが問題である[1]。そのためには、社会と政治を安定
させ、開放政策が堅持される必要がある。

　米国の場合、1820年から1998年の178年間、1人当たりの
GDPは、年平均1.95%増という適度な成長を維持し、1200ド
ルから42.5倍の5万1000ドルに増加した（1990年の国際ド
ル換算）。こうして、米国は世界最大の経済体になったのであ
る[2]。2020年における中国の1人当たりのGDPは、1万7000
ドルに増加する見込みで（1990年の国際ドル換算）、これは、
1952年の55倍である。米国のように、中国も世界最大の経済
体になれるはずである。これは、中国の指導者次第であり、的
確に判断して目標を達成することを願っている。

1　Jeffrey D. Sachs, "The End of Poverty: Economic Possibilities for Our Time",
New York: Penguin, 2005.
2　同上。

第3章

人口への挑戦〜高齢化社会と都市化〜

　中国は世界一人口の多い国であり、工業化の後発国でもある。中国の工業化の特色は、経済発展が低いレベルで始まったことと、人口が多いことである。1949年の新中国設立時は、他の発展レベルが同じ国家と比べても、高出生率、高死亡率、低成長率であった。

　1949年以前の中国の死亡率は25.0‰から33.0‰くらい、最高値で40.0‰くらいだったと思われる[1]。また、出生率は25.0‰から38.0‰もあるが、このデータには、乳児死亡率の20‰から25‰が含まれている。国連の人口データベースによると、1950年から1955年の出生率は43.8‰、死亡率は25.1‰で[2]、どちらも世界平均の37.2‰と19.5‰より高かった。6.11の合計特殊出生率（TFR）、1.87％の人口の自然増加率、新生児1000人のうち平均195人が死亡していること、これらは世界の平均を大幅に上回る。また、当時の平均寿命は40.8歳で、世界の平均より5.8歳短かった。人口統計学から見ると、典型的な伝統的農耕社会だったと言える。

　新中国設立後の社会には根本的な変化が起きた。まず、数十年間続いていた内紛が終わり、平和な時期が始まった。次に、

1　死亡率は、国家あるいは地区における千人中の死亡人数で表す。繆奮鵬, "China's Population Problems in Semi feudal Period", Social and Economic Research in China, No.2.

2　United Nations Economic and Social Council, "World Population Prospects: The 2008 Revision".

63

経済発展が進み、国民の生活レベルも上がった。都市や農村の住民は、基本的な生活については満足していた。経済発展に伴う医学の進歩によって、国民の健康状態がよくなり、伝染病が広まりにくくなった。1970年代には計画出産政策の実施により避妊に関する知識や技術が普及し、低所得者層でも、特に乳児死亡率の低下によって平均寿命が大幅に延びた。また、出生率が急激に下がったため、人口構成が他の国よりも速いスピードで変化した。

　国連の人口統計データによると、2000年から2005年における出生率は14.0‰、死亡率は6.6‰、自然増加率は7.4‰であり、すべてが世界の平均より低かった。同期間の世界の平均は、出生率21.1‰、死亡率8.6‰、自然増加率12.33‰である。ほかにも、合計特殊出生率は1.8で世界平均の2.8よりはるかに低かった。これは、中国で少子化が始まったことを意味する。また、乳児死亡率は25.6‰で、世界平均の51.7‰の半分程度、平均寿命は72.0歳で、世界平均の66.4歳より長かった。これらのデータはすべて、中国の人口構成が、現代的な人口構成に転換を始めたことを示しており、乳児死亡率と平均寿命以外は、先進国と大差がなくなった。2020年、乳児死亡率と平均寿命は先進国並みになると予想されるが、1人当たりの平均収入はまだ低いと思われる。

　1980年代は計画出産政策によって人口ボーナスが生み出された。総人口に占める生産年齢人口の割合が高くなったことで、さらに高度成長できたのである。[1]生産年齢人口の割合が多い

1　人口ボーナスとは、総人口に占める生産年齢人口の割合が高くなることによって、経済成長が促進されることである。World Bank, "World Development Report 2007:Development and the Next Generation", p.35-36.

ことは、高度成長を続けるために極めて有利である。今後は、
1人当たりの平均収入を上げるのはもちろんだが、少子高齢化
を解決することも必要である。先進国は「老いる前に富む」こ
とができたが、中国は「富む前に老い始めた」からだ。長期間、
経済成長に貢献してきた人口ボーナスが2015年前後になくな
れば、経済発展に大きな打撃を与えるだろう。同時に、数十年
来の大規模な都市化も社会に大きな影響を与えるだろう。

一、急速な人口転換

　中国の人口構成の転換、つまり多産多死から少産少死への移
行は、極めて急速にすすんだため、その過程でさまざまな問題
が起こった。1950年から1958年は出産ラッシュ、1959年か
ら1961年は大凶作による出生率の著しい減少、1962年から
1972年には再び出産ラッシュを迎えた。このような人口の極
端な増減が、その後の人口構成に大きな影響を与えている。

1. 人口構成の転換期（1949〜1978年）

　中国の現代化による人口構成の転換は1950年代に始まった。
工業化が急速にすすみ、人口も急増した。中国の人口は、
1949年で5億4200万人もあり、2030年ごろにピークを迎え、
14億5300万人になる見込みである。1949年から2030年の人
口増加率は年平均2.7%になり、これは他の時期と比べても著
しく高い。

　1949年、中国で工業化が始まった時の人口は、他の先進国
が工業化を始めた時よりはるかに多かった。当時の中国の人口
は5億4200万人であり、1820年における西欧12カ国の4.8

65

倍、米国の52.0倍、1870年の日本の15.7倍もあった。中国の人口構成の転換初期は、その人口の多さと国民の教育水準の低さが、工業化をすすめる上で最大の障害となっていた[1]。しかし、毛沢東は人口構成を把握しておらず、人口がこれほど増加するとは予想していなかった。当時の米国国務長官、ディーン・アチソンが「中国共産党は経済問題を解決できない。混乱は永遠に続き、結局は米国の小麦粉に頼るしかなくなる」と公言したことに対し、毛沢東は「一番大切なのは人である。人が多いのは大いに結構。たとえ、人口が倍増しても、食糧増産で解決してみせる」と真っ向から反論した[2]。

1949年から1959年の出産ラッシュ期、平均出生率は30‰、出生数は2億人以上にもなった。同時に、死亡率が18‰から10‰と急激に下がり、自然増加率が20‰を上回ったため、人口は1億人以上も増加した。

人口が著しく増加したこの時期、就業人数と食糧生産量もいくらか増加し、耕作地面積は1957年にピークに達したが、その後は著しく減少した。これは、中国の工業化、都市化、現代化にとって、明らかに障害だった。その結果、毛沢東は人口問題を解決不能と宣言し、人口政策に修正を加えざるを得なくなった。しかし、これは毛沢東自身にも自己矛盾があったので、常に言うことが変わり、人口抑制はスムーズにすすまなかった[3]。計画出産による人口抑制には、鄧小平や周恩来等の党の指導者が賛成していただけでなく、党外で影響力を持っていた

---

1 Angus Maddison, "Statistics on World Population, GDP, and per Capita GDP 1-2008 AD", www.ggdc.net/maddison.
2 1949年8月5日、米国国務院は "U.S. Relations with China" を発表し、ディーン・アチソンはハリー・トルーマンに手紙を送った。『毛沢東選集 第4巻』、1961。
3 胡鞍鋼「毛沢東と人口増加」(『明報月刊』第1号，1992)。

第3章　人口への挑戦

馬寅初、孫本文、費孝通も積極的だったが、最終的には受け入れられなかった。

　国中が「大躍進」という大きな災難に見舞われた時期には、出生率はマイナスになった。その後、経済が回復し始めたころから次の出産ラッシュが始まった。1962年から1972年の出生総数は2億7000万人に達し、総人口は2億人近く増加した。同時に、1950年代の出産ラッシュによって、生産年齢人口が急激に増加したが、都市でも農村でも雇用が非常に不足していた。1973年、毛沢東は計画出産室を設置し、全国の計画出産を統一することを提案した。1974年2月、毛沢東は初めて「中国の人口は多すぎる」と認め、政府の公文書でも「人口抑制をせざるを得ない」「人口抑制のため計画出産が必要だ」と書かれた。[1]その後、政府は全国で計画出産を推進し始めた。

　1972年から1979年、合計特殊出生率は、4.98から2.75に下がり、極端な人口増加が次第に収まっていった。同時に、出生率、死亡率、自然増加率がすべて低くなり、人口構成にも変化が起こった。このため、人口ボーナスが発生し、その後の経済発展に大きく貢献した。

2. 人口ボーナス期（1978～2020年）

　1979年3月、鄧小平は人口問題の戦略的意義を認めた上で、当時の現状を「人口が多すぎる、貧しい、耕地が少ない」と総括した。[2]翌年、党中央委員会は計画出産を基本国策とするため、正式に「1夫妻につき1人の子供（一人っ子政策）」とし

1　「人民日報」社説，1978/6/9。
2　鄧小平「基本4原則の堅持」（『鄧小平文選 第2巻』，北京：人民出版社，1979，p.163-164）。

67

た[1]。1982年、党第12期代表大会の演説で、党中央総書記の胡耀邦は、中国の経済発展について「人口問題はきわめて重要な問題であり、計画出産を基本国策とする」と強調した[2]。

　1980年代、死亡率は著しく低下、合計特殊出生率は2.1となり、人口を維持する2.08と同程度になった。1986年には3回目の人口ピークを迎えたが、出生率は以前より低かった。1986年から1990年の出生数は年平均2419万人、総人口は年1681万人増加した。当時、国務院総理であり党総書記でもあった趙紫陽は、農村では第一子が女児なら、第二子を許すことを提案した。つまり、計画出産に取り組もうとしない農民を考慮した、一人っ子政策の「小さな緩和」である。この結果、出生率は、1985年の2.20から、1986年に2.24、1987年には2.59まで増加し、農村地区では3.0くらいで安定した[3]。国連の人口統計データによると、中国の1985年から1990年における合計特殊出生率は2.63であり、人口を維持するレベルより高かった[4]。

　江沢民が党総書記になると、計画出産が厳格化された。1991年第1回計画出産討論会で、江沢民は「計画出産は国家の命運に関わる。もし、人口増加を厳格に抑制せず、計画出産を長期的に実行しないなら、国民の質を高めることは不可能だ」と述べた。1991年5月12日、党中央委員会と国務院は「計画

1　党中央文献研究室「党中央による人口抑制に関する党員への公開状」1980/9/25（『第11期第3回中央委員会全体会議の重要文献選集 第1巻』, 1982, p.538)。
2　胡耀邦「全面的な現代社会主義建設の新局面─党第12期全国代表大会報告」, 1982/9/1, httm://cpc.people.com.cn/GB/64162/64168/64565/65448/452643.html。
3　胡鞍鋼・鄒平『中国の人口発展』（北京：中国科学技術出版社, 1991), p.51。
4　United Nations Economic and Social Council, "World Population Prospects: The 2008 Revision".

第3章 人口への挑戦

出産による厳格な人口抑制に関する決議」を公布し「地方の指導者と政府が、計画出産の実施に責任を持つ」ことが、初めて明確にされた。1991年、党中央と国務院は、毎年開催される全国人民代表大会と政治協商会議の後に、各省の党委員会書記と省長に、計画出産についての討論会をするよう呼びかけた。その後、この討論会では、人口、資源、環境等についても討論されるようになった。

　1990年代、合計特殊出生率は、人口を維持するレベルを下回り、出生率、死亡率、自然増加率がすべて低下した。人口の多い開発途上国が、このような現代的な人口構成になったのは世界初であった。国連の人口統計データによると、1990年から1995年の合計特殊出生率は、人口を維持する程度の2.10にまで下がった。これは、政府が30数年間にわたって、計画出産政策をとったこともあるが、経済発展によって養育費が増加したことも原因だろう[1]。

　中国の人口構成の転換には、4つの特徴がある。1つ目は、1人当たりの平均収入が高くなる前に始まったことである。2つ目は、50年という極めて短い期間で転換したことである。先進国は人口構成の転換に百年近くかかっており、収入が同程度の開発途上国と比べても短い。3つ目は、経済の発展よりも政策の影響が大きかったことである。つまり、少数民族を含むすべての国民に対して、政府が計画出産政策を強く推進したことである。4つ目は、短期間で人口構成の転換を果たしたことによって、人口ボーナス期の到来が早まり、その期間も短くなっ

1　1995年、中国の出生率は1.87で、米国の1.98より低かったが、高所得国の平均である1.71に近づいた。World Bank, "World Development Indications 2000", "Global Development Finance 2001".

たことである。

　人口ボーナス期とは、中国の場合、生産年齢人口が総人口の60%以上になることを指す。これは、逆U字型の曲線になり、3段階に分けられる。第1段階は、人口ボーナス期の始まりで、生産年齢人口が増加する。第2段階で人口に占める生産年齢人口の比率はピークを迎え、第3段階では、その比率が減少していき人口ボーナス期が終わる。人口ボーナスの逆U字型曲線の形は、国の人口構成によって異なる。人口ボーナス期は、一般的に40年ほど続き、高齢化社会になれば終了する。日本の人口ボーナス期は1955年から1995年、イタリアは1975年から1995年であり、インドは1975年から2035年だろう。ほかにも、サハラ以南のアフリカ地区、南アジア、中東、北アフリカの貧しい国等は、まもなく人口ボーナス期にはいると思われる[1]。

　中国の人口ボーナス期は1980年頃に始まり、生産年齢人口は総人口の59.8%を占めた。当時、中国の生産年齢人口は米国の3.86倍の5億8600万人で、さらに増加中でもあった。人口の規模、質、構造から見ると、インドの生産年齢人口は、2000年以降に総人口の60.7%になり、この頃に人口ボーナス期に入ったと言える。つまり、中国はインドより20年早く人口ボーナス期に入ったのだ。中国は、豊富な労働力によって経済成長を持続し、GDPや個人貯蓄を増加させることができた。同時に、政府は大量の生産年齢人口の雇用確保が必要となり、その後の重要な課題となった。

　中国は、2010年に人口ボーナスのピークを迎え、生産年齢

1　World Bank, "World Development Report 2007: Development and the Next Generation", p.4-5.

第3章　人口への挑戦

人口は総人口の74.5％に達した。王豊とアンドリュー・マンソンは2013年に人口ボーナスはなくなると言っている。[1]2020年、中国の生産年齢人口は10億人前後になる見込みで、これは、米国の4.72倍にあたる。その後も、生産年齢人口と人口ボーナスは減少し、2050年には米国と同程度の61.3％になるだろう。つまり、米国の人口ボーナス期は、1950年から百年も続くが、中国は70年しかないということになる。

二、少子高齢化社会

　中国は、開発途上国の中で初めて高齢化社会にはいった国であり、これが他の国との大きな違いである。

　合計特殊出生率が人口を維持する2.1より高ければ人口は増加する。合計特殊出生率が1.8未満になると少子化が始まり、1.5未満だと深刻な少子化をまねく。1.35未満なら少子化は急激にすすむことになる。

　中国の合計特殊出生率は、1990年代から下がり続け、少子化はすでに始まっていると言える。国連の人口統計データによると、1995年から2000年の合計特殊出生率は1.8である。[2]2000年から2010年、都市における合計特殊出生率は1.3以下になっており、今後は少子化が深刻になるだろう。農村は都市ほどではないが、合計特殊出生率は1.8より低く、やはり少子化がすすんでいる。1980年以後に生まれた子供たちは、現在、

1　Wang Feng（王豊）and Andrew Manson, "The Demographic Factor in China's Transition, China's Great Economic Transformation", edited by Loren Brandt and Thomas Rawski, Cambridge University Press, 2008, p.136-166.
2　United Nations Economic and Social Council, "World Population Prospects: The 2008 Revision".

結婚適齢期に入っている。人口の1%を抽出したサンプリング調査によれば、0歳から30歳の人口は1億5589万人であり、総人口の29.30%を占める[1]。

中国の子供の数は、1980年代から激減し始め[2]、1982年に3億4156万人だったのが、2005年は2億6563万人、2013年には2億2329万人に減少した[3]。1980年、世界に占める中国の子供の割合は22.4%だったが、1990年に18.4%、2000年に17.2%、2004年は15.7%にまで下がった。小学校の入学人数も、1997年の1億3995万人から、2014年の9451万人に減少した[4]。

人口統計学では、65歳以上の人口を老年人口と呼び、老年人口が総人口の7％以上（現在の中国）になると高齢化社会と呼ぶ。14％以上なら深刻な高齢化社会（1995年の日本）、20％以上なら超高齢化社会（予測では2015年の日本）となる。2000年、中国は開発途上国の中で最初に高齢化社会にはいった。2014年には、老年人口は人口の全体の10.1%を占め[5]、都市においても老年人口が都市人口の6.96%を占めた。老年人口は、1982年の4881万人から2014年の1億3755万人に増えた。年平均増加率は3.3%で、総人口の増加率である0.93%より高かった[6]。都市部における退職者は、1990年の2301万人から2013年の8041万人に増加し、年平均増加率は5.6%で、人口増加の3.9%より高かった。

国連の人口統計データによると、2020年、中国の60歳以上

1　『中国統計年鑑2006』、表4-7、4-16。
2　『中国統計年鑑2014』、表2-4。
3　World Bank, "World Development Indicators 2006".
4　『中国統計年鑑2010』、p.169。
5　「2014国民経済と社会発展の統計」、2015/2/26。
6　『中国統計年鑑2015』、p.18。

第3章　人口への挑戦

の人口は、総人口の16.7％を占める2億3900万人に達する見込みであり、これは、2008年の2倍に相当する。[1]2020年の老年人口は1億6700万人に達し、総人口の11.7％を占め、80歳以上の人口は2815万人で、総人口の2.0％を占める見込みである。2050年には、老年人口は3億3000万人、総人口の23.3％を占め、80歳以上の人口は1億人以上、総人口の7.2％を占めるだろう。

　老年人口が急速に増加すれば、従属人口比率（15歳未満の年少者と65歳以上の年長者の人口が、生産年齢人口年齢に占める割合）も増加する。2000年は生産年齢人口9.1人で1人の老人を養っていたが、2020年には5.9人、2050年には2.7人で1人の老人を養わなくてはならなくなる。中国は確実に高齢化社会に向かっているのだ。高齢化問題については、日本を教訓とするのがよいだろう。1973年、日本の合計特殊出生率は、人口を維持するレベルの2.1より極めて低く、2004年には1.29にまで下がった。2004年から日本の総人口は減り続け、総人口に占める老年人口の割合は7.6％から20.0％に増加した。2050年、日本の総人口は1億人に減り、老年人口は総人口の35.7％を占めると予測される。[2]少子高齢化により内需も減少し、これが日本の経済成長を妨げる主な原因となるだろう。

　中国も、日本と同じで、少子高齢化が急速にすすんでいる。しかし、中国の少子高齢化は日本より20年遅く始まり、15歳から40歳の生産年齢人口を考慮すると30年遅くなるだろ

1　United Nations Economic and Social Council, "World Population Prospects: The 2008 Revision".
2　"Japanese National Conditions Society", 100 year Data of Japan, 4th ed., p.43; "Japanese National Conditions 2006-2007", 64th ed., p.50.

う。日中両国における大きな違いは、日本では、豊かになっ
てから少子高齢化が始まったが、中国では、豊かになる前に少
子高齢化が始まってしまったことである。これについて、中国
の学者や政治家は、高齢化によって高度経済成長が妨げられる
ことを心配している。2000年から2050年の50年間は、中国
にとってきわめて重要な時期になるだろう。全体的には、順調
に発展しているように見えるが、その背後には少子高齢化とい
う深刻な問題を抱えているからだ。

三、人口抑制政策と退職制度

　人口の過剰は発展を妨げ、社会的にも極めて複雑な問題を引
き起こす。そのため、中国では人口政策が発展における重要な
戦略とされた。ただ、人口政策は効果が出るのが遅いため、短
期間に解決するのは不可能であり、最低でも50年は必要だろ
う。また、段階的な措置をとらなければならない。第1段階は、
1980年から2005年の計画出産政策、いわゆる「一人っ子政策」
であり、人口増加を抑制して人口構成を調整するのが目的であ
った。第2段階は、2005年から2030年の間に限って、1組の
夫妻が2人の子供を出産できるというもので、人口構成を調整
しながら人口も抑制することを目的とする。1980年、党中央
委員会は「2010年頃、人口過剰がある程度緩和したら、人口
政策を見直してもよい」と宣言しており、実際に2014年から

1　2005年における出生率は、日本が1.26、香港が1.12、シンガポールが1.24、
　　韓国が1.08、タイが1.80。"Japanese Population Development 2007", p.12.
2　党中央文献研究室「党中央による人口抑制に関する党員への公開状」、
　　1980/9/25（『第11期第3回中央委員会全体会議の重要文献選集 第1巻』、
　　1982, p.538）。

第3章　人口への挑戦

一人っ子政策が緩和され「夫婦どちらかが一人っ子ならば第2子の出産を認める」ことになった。これは、計画出産の見直しの第1歩であり、次は「二人っ子政策」により出生率を高めていかなければならない。

　生産年齢人口の減少を解決するには、個人経営の奨励と、質の高い人材の供給が必要である。また、退職者を減らすことは、年金不足を軽減するためにも重要である。これには、男女ともに定年を引き上げることが必要である。法的な定年は1950年代から変わらず、女性が55歳、男性が60歳である。しかし、平均寿命は延びているため、この時代遅れの定年制度を変える必要がある。そうでなければ、急激にすすむ高齢化の問題は解決できないだろう。

　定年の延長には3つの段階を経る。第1段階は、公務員、教授、会社の取締役、管理職から、男女の定年を62歳とする。他の女性の定年は男性と同じ60歳とする。第2段階は、勤労者すべての定年を65歳とする。民間企業の従業員の定年は、融通が利くように基準は設けず、状況に応じて仕事を続けられるようにする。第3段階は、一部のサービス業関連の自営業者に対しても、柔軟な定年制度を適用する。

　労働者に関しても、年金の支給開始年齢を引き上げ、個人経営、非正規社員、契約社員、共同経営や家族経営を対象とした柔軟な就業システムを作る必要がある。2013年の党第18期第3回中央委員会全体会議では「退職年齢を少しずつ引き上げる」ことが決定している。

　計画出産の緩和と退職年齢の延長に関する政策は「先人のおかげで後の者が楽をする」という効果がある。少子高齢化問題

75

を根本的に解決するには、人的資本への投資を強化することが重要である。

中国の人口構成が根本的に変化したため、人口政策の調整は不可欠である。人口構成と国情をもとに、長期的な展望を持った人口政策を実施する必要がある。そうでなければ、子や孫の代に負担や問題を残すことになるからだ。

四、都市化による発展

都市は、大規模で集中的な生産活動をするため、また、現代化のために必要である。中国の経済発展に都市化は大きな貢献をしており、今後も、経済発展の重要な原動力になるだろう。中国は、工業化と都市化については後発国だが、先進国との差は縮小しており、今後も後発国としての優位性がある。また、後発国の都市にありがちな貧民街（スラム）ができないよう、人を主体とした調和のとれた都市の建設を目指している。[1]

中国の都市化の過程は独特である。まず、人口がきわめて多いため、中国の都市化は世界に影響を与えている。実際、中国の都市化率は世界一で、世界の経済成長と都市化の原動力にもなった。また、中国の都市化は改革後に急速にすすみ、短期間で先進国並みになったという特徴がある。

1　国連の統計データによると、インドの貧民街の人口は1億7000万人で、中でもムンバイが最も多く、総人口11万人中55％を占める。また、ブラジル人口研究機構の統計によると、4000近くある貧民街に6万5000人のブラジル人が生活している。張川杜ら、"Slums Are the Roots of Turmoil in Developed Counties and Worries of Other Countries", Global Times, 2006/8/19.

第3章　人口への挑戦

1．計画経済期の都市化

　中国の都市化は遅々としたものだった。1000年から1820年の都市化率は3.0～3.8%であり、1890年でも4.4%だった。西欧の都市化率は、1820年で12%、1890年で30%以上、日本でも1890年時点で16%だった。1900年から1938年、中国では人が自由に移動できたため、都市人口の増加率は総人口の増加率の2倍に達した。[1] 都市人口は5万人から2730万人に増加し、総人口5億人の5～6%を占めた。

　1949年、新中国設立時の都市化率は、まだとても低かった。総人口5億4200万人のうち、農村人口が4億8400万人で、総人口の89.4%を占めた。当時の中国には132都市しかなく、都市人口は総人口の10.6%で、そのうち、非農業人口は5.1%に過ぎなかった。[2] 当時、中国の人口は世界の21.7%を占めていたが、都市人口はわずか8.37%であった。これが中国の都市化の起点である。都市人口の増加率は、計画経済期にようやく3.85%となり、米国や世界の平均を上回った（表3-1参照）。

表3-1　中国、米国、世界の都市人口増加率（1950～2030年）

単位：%

年	中国	米国	世界
1950-1980	3.85	1.75	2.91
1980-2000	4.47	1.41	2.5
2000-2030	2.19	1.16	1.86
1960-1970	0.99	1.73	2.94
1950-2030	3.38	1.44	1.44

データ出所：国連経済社会局，『世界都市化予測』，2008年

1　楊小凱，"Noteson the Century's History of Chinese Economy (from late Qing to1949)"，China Economic History Forum，http://economy.guoxue.com/article.php/104.

2　中国統計局，"50 Years of New China，1949-1999"，1999，p.31.

77

1950年代になると都市化が急速にすすんだ。10年間で都市化率は8.5ポイント上昇し、都市人口は年平均7.8％増加した。1950年代末には、米国との都市化率の差は2.7ポイント縮小した。これらはすべて、工業化が急速にすすんだためである。逆に、1960年代は、都市化率が2.3ポイント下がり、米国との差も5.9ポイント拡大した（表3-2参照）。その原因は、計画経済政策と戸籍管理の厳格化にある。都市化の年平均増加率は1％以下になり[1]、世界平均の2.94％や米国の1.73％よりも大幅に低くなった。また、当時の都市には人を受け入れる余裕がなく、政府が知識青年を農村へ送りこむことまであった。

表3-2　中国と米国の都市化の比較（1950 ～ 2030 年）

年	都市人口（百万）			都市化率 (%)			世界に占める都市人口の割合 (%)	
	中国	米国	中／米	中国	米国	差	中国	米国
1950	61.7	101.2	0.61	11.2	64.2	53.0	8.37	13.74
1960	130.7	130.3	1.00	19.7	70.0	50.3	13.12	13.08
1970	144.2	154.6	0.93	17.4	73.6	56.2	10.83	11.61
1980	191.4	170.3	1.12	19.4	73.7	54.3	11.00	9.78
1990	302.0	192.8	1.57	26.4	75.3	48.9	13.28	8.48
2000	459.1	225.3	2.04	36.2	79.1	42.9	16.09	7.90
2010	669.8	259.0	2.59	50.0	82.3	32.3	19.39	7.41
2020	856.0	290.7	2.94	61.0	84.9	23.9	20.34	6.91
2030	1043.0	318.5	3.27	71.0	87.0	16.0	21.00	6.41

データ出所：日本，（財）矢野恒太記念会編『日本国勢図会2007/08』；(a) のデータ出所：世界銀行，『世界開発指標2009』；(b) のデータ出所：BP『BP世界エネルギー統計』，2007年6月

1　World Bank, "World Development Indicators 2010".

第3章　人口への挑戦

　1970年代、都市化率は2.0ポイント上昇しただけで、都市
人口の年平均増加率は2.87％だった。世界で都市化が加速す
る中で、中国の都市化はきわめて遅かったと言える。1976年
の都市人口は総人口の17.4％しかなく、世界平均の37.9％よ
り大幅に低かった。これが、改革開放初期における都市化の
状況である。

2．改革開放後の都市化

　中国の都市化は改革開放後に加速した。1980年から2000
年までで、都市人口の比率は16.8ポイント増加し、米国との
差も11.4ポイント縮小した。都市人口の増加率は年平均4.47
％を維持し、世界の平均の2倍、米国の3倍近くになった（表
3-1参照）。1980年、中国の都市人口は世界の11.0％を占めて
米国より1.12％多くなり（表3-2参照）、2000年には世界の
16.09％を占め、米国の7.90％を大幅に上回った。このような
急速な都市化は、世界の都市化にも大きな影響を与えた。

　この時期の都市化は、米国は低成長期であったが、中国は最
も急速にすすんだ時期と言える。中国の都市人口は、この時期
初めて米国を上回って世界一になり、2000年には米国の2倍
になった。農村人口もまだ多かったが、この急速な都市化によ
って、中国は国際市場における最大の消費国となった。

　中国の都市化は、農村人口が都市に大量に移動したことによ
るもので、世界的にも最大の人口が移動したと言える。イリノ
イ大学の張紅林とネバダ大学の宋順峰は、1978年から1999
年にかけて、都市に1億7400万人の農村人口が移動すると予

1　United Nations Development Programme, "Human Development Report
　2002".

79

測した。これは、都市全体の人口増加の75%を占める。[1]1980年代以降、都市での出生率、死亡率、自然増加率がすべて低くなり、都市人口の増加は、主に農村からの転居と流入によるものだった。転居者は、農村から募集採用された人員、大学や専門技術学校の卒業生、退役および退出軍人等が含まれる。流入は、戸籍は変わらないが、仕事等で一時的に居住する者を指し、都市で働く出稼ぎ農民の多くはこれに属する。

　中国農業部のデータによると、1982年から2000年、農村から都市への流入人口は2億人以上で、都市人口の45%、増加した都市人口の84.6%を占めた。[2]同時期、農村から都市へ流入した生産年齢人口は1億人以上で、都市における生産年齢人口の45.8%、増加した生産年齢人口の94.3%を占めた。都市人口と生産年齢人口の流入は増え続け、それぞれ、1980年で814万人と401万人、90年代初めには1414万人と775万人、90年代後半には2030万人と1146万人だった。

　急激な都市化によって、公共サービスと社会管理の需要が大きくなり、経済と社会の構造も大きく変化した。都市化を阻害していた戸籍制度等も変化したが、都市と農村の格差に変化はなく、都市と農村という2元構造の社会ができてしまった。その後はさらに、郷鎮企業（郷鎮における中小企業）、農村の中の農業と非農業、都市の中の都市戸籍と非戸籍、正規と非正規等が加わった複雑な構造となっている。

1　張宏霖・宋順峰「都市と農村の移住者と都市化」（陳甬軍・陳愛民編『中国の都市化：分析と対策』、厦門大学出版社、2002、p.208）。
2　中国農業部、"Economy and Finance"、No.3、4、2003、p.95.

第3章　人口への挑戦

3．現代の都市化

　2000年以降、人口増加率の低下に伴って都市人口の増加率
も低下したが、都市化は依然として急速にすすんだ。2000年
から2014年、都市人口の年平均増加率は3.56％に下がり、
2015年から2030年は2.09％になる見込みである。しかし、
この増加率でも米国や世界の平均を上回っている。今後は、さ
らに都市化をすすめることで全面的な小康社会を作り上げるこ
とが重要になるだろう。2000年から2030年までに、中国の
都市人口は34.8ポイント上昇し、米国との差は26.9％縮小す
る見込みで、今までにない速さで都市化がすすむことになる。

　世界に占める中国の都市人口の割合は、2020年で20.34％、
2030年でも21％と、世界一を維持する一方（表3-2参照）、米
国は6.41％まで下がる見込みである。これは、米国では都市
化がほぼ終了しているが、中国はまだ進行中だからである。世
界銀行のデータによると、2001年、世界の都市化率の平均は
47％で、低位の中所得国は46％、高位の中所得国は77％であ
る。[1]2030年には、中国の都市化率は71％になる見込みだが、
これは米国よりもまだ16％低く、中国には都市化する余地が
まだあることを示している。

　都市化により都市のインフラ整備もすすんだ。都市における
道路の長さは、2002年には第10次五カ年計画の目標である
18万kmを達成し、2007年には24.61万kmにまで達した。1
人当たりの道路面積は11.4㎡で、これは、第11次五カ年計画
の目標である10㎡より多かった。都市のセントラルヒーティ
ング面積は30.1億㎡で、目標より3.5億㎡多かった。天然ガス

1　「中国の国民経済と社会発展のための第11期5カ年計画綱要テキスト」。

81

の供給量は63億㎥増加して308億㎥になり、液化石油ガスの年平均供給量は1466万トンで、目標より203万トン多かった。燃料の気化率は、2000年の45.4%から2007年の87.4%に増加したが、90%という目標は達成できなかった。都市の1人当たり公園と緑地の面積は0.7㎡増加して9.0㎡になり、目標の8.0㎡を上回った。汚水の処理能力は1億336万㎥と、目標をはるかに超えた。都市のインフラが急速にすすむ過程では問題も起きており、例えば、大量の土地が占用されたり、立ち退きを強要されたり、政府高官が業績と名声を高めるために大型プロジェクトを促すこともあった。

　今後10数年間、中国がさらに都市化し、農村から都市へ移動する生産年齢人口が急増すれば、巨大な経済効果があるだろう。しかし、都市と農村の2つの戸籍制度があるため、労働力の自由な流動が制限されている。この少数のための戸籍制度のままでは、農村住民の利益を損なわれるだけでなく、制度的な機会費用が発生し、最終的に大きな代償を支払うことになるだろう。中国の経済発展にとって、農村、農民、農業問題といういわゆる「三農問題」は、最も難しい問題である。この問題を根本的に解決するには、都市化の過程で、農民を農村から解放し、農民に投資し、農民を移転させ、農民数を減らし、同時に豊かにさせる必要がある。それにはまず、都市の公共サービスを、農村からの出稼ぎ労働者やその家族にも提供するべきである。教育、医療、住宅、雇用補償、社会保障等を国民全員が受けられるようにするには、後発国で起こりがちな都市化の問題を防ぐことが重要である。つまり、犯罪率が多い都市の貧民街（スラム）、交通渋滞、所得格差拡大等を防ぎ、住みやすく調和のとれた都市化をすすめていくべきである。

第3章　人口への挑戦

　中国の都市化戦略は、大型都市や超大型都市の発展をすすめており、そのため、政府は2010年から2020年における全国主体機能区計画を立てた。いわゆる「2横3縦」である。この計画の目的は、3大都市圏（環渤海地区、長江デルタ地区、珠江デルタ地区）を重点的に都市化することである。この3大都市圏は、それぞれ総人口6000万人から1億人、うち大都市の人口は3000万人から5000万人、それ以外の都市の人口は1000万人から2000万人である。これらの都市圏は、長江に沿った2本の水平な横線上にある道路と橋を中心として位置し（東は連雲港、西は阿拉山の運送道路）、他の都市部は、海岸線に平行な3本の縦線上に位置する。この線上には北京・ハルビン線と北京・広州線があり、包頭・昆明鉄道もある。目標達成後には、都市圏がすべて2本の横線と3本の縦線上に位置することになる。

　2014年における中国の都市人口は、7億4900万人で総人口の54.71％を占めている。2020年の目標は、都市人口8億5600万人、都市の面積は7万9300km²から9万4700km²、人口密度は、1km²当たり7489人から9039人にすることである。このほか、経済密度（1km²当たりのGNP）、財政収入、対外貿易が増加すれば、単位面積当たりの質も高まる。例えば、1km²当たりの科学技術従事者、専門家、大学生の数、海外からの直接投資、研究開発プロジェクト等が増加するだろう。最終的には、国土の数％の大都市圏で、経済規模の80％以上、対外貿易の90％以上を占めることを目指す。これらの新しい大都市圏は、中国経済の発展を促すだけではなく、その地理的分布も塗り替

1　筆者はこの国家プロジェクトのチームに参加し、項目の検討、政策の制定等に携わった。

えることになるだろう。

　都市化は長期にわたるもので、西側諸国は100年余り、日本と韓国はより短期間で都市化を実現した。日本は1920年から1955年の35年間で、都市化率を18％から56％に上げ、韓国は1960年から1980年の20年間で27％から59％に上げた。[1]中国は人口が多いため、都市化率を1％高めるのに1300万人の都市流入が必要である。そのため、都市化には相当長い時間が必要であるが、これを実現しないことには、現代化もできない。つまり、都市化は現代化に必要不可欠なのである。

　中国の都市化の目標は、先進国と同程度になることである。これまでの都市化の過程は紆余曲折であり、まず都市化をすすめ、制限し、また推進する、というものだったが、小都市から大都市に至るまであまねくすすめられてきたと言える。都市化がすすむにつれ、社会構造は都市と農村という2元構造から、さらに複雑な構造に変化している。しかし、都市化の最終的な目標は、調和のとれた小康社会を作り上げることにある。

1　王麗娜，"China's Urbanization Process and Strategic Options"，Economic Study Reference，No.68，2001，p.43-45.

第4章

健康中国

　人の幸福には健康が不可欠であり、また、国民の健康が国の発展に大きな影響を与えることも多い。中国はかつて「東アジアの病人」と呼ばれ、何度も武力侵攻され、滅亡寸前になったこともあった。しかし、新中国設立後、国民の健康レベルは一変し、平均寿命等が大幅に改善された。しかし、保健衛生については、驚異的な伝染病が発生する可能性やエイズの増加等、深刻な問題がまだ残っている。2003年にはSARSが大流行し、保健衛生の悪さが明るみに出た。今後の目標は小康社会の建設であるが、その重点目標の1つは、13億人の国民がすべて健康で長寿、しかも、質の高い幸せな生活がおくれるようにすることである。[1]

一、東アジアの病人から東方の巨人へ

　新中国の設立前は、中国は世界で最も貧しく、保健衛生もかなり悪い国だった。たびたび伝染病が蔓延し、平均寿命は35歳で死亡率も高かった。これは、1820年における西欧諸国と米国の平均寿命とほぼ同じであり、1950年における世界の平均寿命の49歳よりも大幅に短かった。死亡率は30‰以上、新生児の死亡率は200‰もあり、妊産婦死亡率は15‰だった。[2]

1　胡鞍鋼『SARS：健康と発展』(清華大学出版社，2003)，p.20。
2　中国国家統計局「医薬と衛生」，(『新中国の50年』，1999，p.86)。

85

健康状態が悪い地方では、伝染病があっという間に広がり、これが死亡原因の1位となっていた。また、都市では肺結核による死亡人数が10万人中250人もいた。これは、国民の命が常に脅威にさらされていたことを示している。しかし、新中国設立後は、健康の改善と医薬の進歩により「東アジアの病人」というイメージは一掃された。

　中国における健康と経済発展の関係は、次の3段階に分けられる。

　第1段階は1949年から1978年である。新中国の設立直後は、数千万人もの国民が伝染病で苦しんでいた。1951年には6万人が天然痘、1952年には104万人がはしか、1949年には293万人がコレラ、50万人がハンセン病、1200万人が住血吸虫病に感染し、伝染病にかかった人は1億人以上で、総人口の5分の1を占めた。1950年代から1960年代における伝染病の発生率は3%で[1]、1600万人から2200万人が伝染病の影響を受けた。これらを防ぐため、薬の処方や医学による予防等のサービスを提供した結果、保健衛生は著しく改善され、多くの健康指標も大幅に引き上げられた。この急速な改善は、当時の経済の発展速度からみると想定以上の速さだった。しかも、高額の医療費を支払う必要がなかったため、国民全員が恩恵を受けることができ、特に貧困層の健康が大きく改善された。この時期、新生児の死亡率も35‰まで下がり、平均寿命は66歳に延び、収入が同程度の他の開発途上国も上回った。また、実際の生活は1人当たりのGDPの値ほど低いものではなかった。日本の有名な経済学者である小林実は、中国の1人当たりの収入はそ

1　同上。

れほど高くないが、物価が安いため、実際の収入以上の生活を
していたと述べている。[1]

　第2段階は、1978年から2003年までである。平均寿命は
67.8歳から73歳に延びた。1980年から2000年の期間には、
人々も1人当たりの収入が比較的高くなったと実感している。
実質GDP(不変価格表示のGDP)による1人当たりのGDPの年
平均増加率は8.3％、消費水準の年平均増加率は7.1％であり、
どちらも1950年から1980年の期間の2倍以上になった。新生
児の死亡率は28.4‰に下がった。2003年における5歳以下の
子供の死亡率は37.0‰に下がり、低所得国の平均である39‰
より低くなったが、中所得国（35‰）と高所得国（26‰）よ
りはまだ高かった。人間開発指数（HDI）は0.407に上がり、
最低レベルを脱した。[2]

　また、健康に関する主な指標も改善され、世界の平均だけで
なく、多くの中所得国と比べても高くなった。国連開発委員会
のデータによると、2002年における世界の平均寿命は66.9歳
（低所得国が55.9歳、中所得国は69.7歳で、高所得国は78.2
歳）[3]、中国は71.4歳だった。2005年には、中国の平均寿命は
72.9歳に達した。2007年の中国の新生児の死亡率は15.3‰
に、1990年末の年齢調整死亡率は10‰に下がり、2006年の

1　小林実，"Key to China's Economic Development"，Chinese ed.，中海外貿経
　済連絡貿易出版社，1987.
2　United Nations Development Programme，"Human Development Report
　2013"．ここでは、人間開発指数 (HDI) について、0以上0.50未満を「低い」、
　0.50以上0.70未満を「中くらい」、0.70以上0.80未満を「高い」、0.80以
　上1.0未満を「きわめて高い」と分類した。このうち、0.50以上0.60未満を「低
　位の中くらい」、0.60以上0.70未満を「高位の中くらい」と、さらに細分化
　することもできる。
3　United Nations Development Programme，"Human Development Report
　2002"．

伝染性疾病の発生率は2.67‰まで低下した[1]。

2003年の農村と2006年の大都市の疾病死亡率を年齢別に比べると、50歳未満の死亡率はほぼ同じだが、50歳以上になると、農村の死亡率が都市の死亡率より大幅に高くなっている[2]。つまり、農村と都市では、健康改善の段階が異なっており、中国全体では健康の改善について、第1段階から第2段階に移行したが、農村においては第2段階から、さらに第3段階に移行する必要があるということである。第3段階では、農村における医療サービスを改善し、老人の死亡率を下げなくてはならない。

第3段階は2003年から、遅くとも2020年までとする。国民が健康かどうかは、平均寿命だけでなく、慢性疾患数からもある程度は予想できる。それらの疾患が死亡率に必ずしも直結するわけではないが、人々の仕事に影響を与えるため、国家の社会負担を増加させ、経済発展の妨げとなり得る。2003年のSARSの大流行を機に、政府は長期的な経済成長戦略に、健康の増進を加える必要に迫られた。こうして、経済だけでなく国民の健康にも配慮した発展方法がとられることになった。

中国と米国の健康に関する指標を比較すると、中国の健康改善策は、後に、国民にとって大きなボーナスとなったことが分かる。新中国設立後の1950年から1955年、平均寿命は米国より28.1歳も短く、新生児の死亡率は167.2‰も高かった。しかし、1970年から1975年、米国との平均寿命の差は8.3歳になり、新生児の死亡率の差も4.3‰になった。中国の国民の

---

1 年齢調整死亡率は、地域の死亡率を比較するもので、地域間の年齢分布の影響は受けない。Charles Wolf Jr.,"Fault Lines in China's Economic Terrain", trans. Xu Jing, Beijing: Xinhua Publishing House, 2005, p.46.
2 中国衛生部「第3回国家衛生サービス調査2003」;「第4回国家衛生サービス調査2009」。

第 4 章　健康中国

健康状態は、毛沢東の時代に改善されたということである。
2000年から2005年、米国との平均寿命の差は6.3歳になり、
新生児の死亡率は米国より19.2‰低くなった。5歳以下の子
供の死亡率も米国より14‰低かった。健康に関する指標から
見ても、米国との差が少しずつ縮小してきたことが分かるので
ある。

二、国民の健康と経済発展

　国民の健康は、経済の発展を促進する。なぜなら、健康な人
は仕事を長く続けることができ、身につけた知識や技術も長く
活用できるからだ[1]。これは、1人当たりの資本が増加し、労働
生産性も高くなるということである。国民の健康状態は、労働
の供給、教育の水準、資本の蓄積、人口構成、所得分配に影響
を与え、これが経済成長にも影響する。コロンビア大学教授の
ジェフリー・サックスは、1980年代の中国国民の健康状態は
経済成長に最大の貢献をしたと述べている[2]。つまり、1978年
の改革開放前に国民の健康状態が改善されたことが、改革開放
後の人的資本の基礎となったということである。2002年にノ
ーベル賞を獲得した経済学者、アマルティア・センは、中国と
インドを比較して、健康状態の違いが経済発展の違いにつなが
ったと述べている[3]。

1　David Bloom and David Canning, "Schoolings, Health, and Economic
　Growth: Reconciling the Micro and Macro Evidence", working paper, Santa
　Monica, Calif.: Rand, 2005.
2　Jeffrey D. Sachs and Wing Thye Woo, "Understanding China's Economic
　Performance", Journal of Policy Reform 4, No.1, 2000, p.1-50.
3　Amartya Sen, "Development as Freedom, Chinese version", trans. Ren Ji
　and Yu Zhen, 中国人民大学出版社, 2002, p.34.

筆者の推定では、1978年から2000年の間で、改革開放前の健康状態の改善による経済発展への貢献度は0.92ポイントであり[1]、教育による経済発展への貢献度は0.07ポイントである。この合計を1人当たりの資本とすると、経済成長への貢献度は0.99ポイントになる。もし、これらの人的資本がなければ、今の中国の経済発展はなかったと思われる。

　改革開放後、国民の健康改善が経済の発展ほどではなかったことについては、1992年にアマルティア・センが、次のように指摘している。「毛沢東の時代に国民の健康状態が改善されたのは、食糧や医療サービスが農村を含めて公平に分配されたからであり、改革開放後の健康状態にあまり変化がなかったのは、都市と農村における発展の格差が拡大していったからである[2]」。

　経済成長は、物質的な面で健康によい影響を与えるが、環境汚染等によって健康に危害を及ぼすこともある[3]。重要なのは、発展しながら健康を改善できるかどうかである。経済成長だけを追い求めれば、国民の健康状態は軽視される。経済成長で得た資本を国民の健康に対して分配しなければ、健康が改善されないのは当然である。これが、経済発展をしていても、国民の健康状態にそれほど変化がない一番の理由である。

　改革開放前に健康状態が改善されたということは、その後の経済成長に健康的な労働力が供給されたということである。これは、改革開放前に健康という貯金をしていたとも言え、その

1　胡美玉と筆者は、ある生産関数を設計して健康状態を人的資本に組み入れ、経済成長に対する評価を行った。胡美玉「健康と中国の経済成長に関する分析」，博士論文，清華大学。

2　王紹光「政策背景の解読」，United Nations Development Programme，人類発展報告2005。

3　胡鞍鋼・胡美玉「中国のマクロ経済と衛生健康」(『改革』第2号，2003, p.5-13)。

第4章　健康中国

後、健康状態がそれほど改善されなかったということは、その貯金を使うのみだったということである。健康リスクが激化している現在、健康を維持することは難しいが、国民の健康に配慮しない発展を続ければ、健康という貯金を使い果たし、結果的に経済成長を妨げることになるだろう。

三、中国における健康リスク

健康リスクとは、健康を妨げる要因が存在することである。例えば、基本的な保健衛生サービスや医療保険の不足、不健康な生活、衛生的な知識の不足等である。健康リスクは命にかかわるため、リスクの少ない健康的な社会をつくることは、現在の中国にとって重要な課題となっている。

中国では、各種の健康リスクを抱えている人が多く、それらが互いに関わり合って複雑な問題となっている。[1]

国の健康状態調査によると、症例数は、1993年の43億件から2003年の50億件に増加し、2003年の50億件のうち約半分が医療処置を受けていなかった。[2]疾病の程度は、21.8％は大したことがない、51.3％は軽いか深刻ではない、24.1％はひどく悪い、2.8％は無回答であった。

2003年、調子が悪くても医者に行かなかったのは、延べ23億5000万人で、全体の47％を占めた。これは、病院にも行かず、医療相談もしなかった者である。医療支援が受けられなか

1　胡鞍鋼「健康：中国の挑戦」, Economicand Social Transformation in China：Challenges and Oportunities, London：Routledge, 2007, p.152-166.
2　患者群は報告されたものである。具合が悪くて診察に行った者、自分で処置した者、家で1日以上休んだものを含む。中には、疾病に感染した者もいる。同上, p.154。

91

ったのは、延べ6億3000万人で、全体の12.6％を占めた。また、38％が経済的な事情で医療支援を受けられず、70％が費用の問題で入院できなかった。都市に限っても、低収入層の約41％と、高収入層の約17.2％が入院できなかった。ほかにも、総人口の13％に当たる約1億6000万人が慢性疾患を患っている[1]。

2003年頃は、人口の80％にあたる10億人が医療保険に入っていなかった。過去10年間では、医療保険に入っていない人は、9億人から10億人に増加し、その割合は67.8％から80.7％に上昇した。都市でも9653万人から3億人に増え、その割合は29％から52％に上昇した。これは、都市人口の大幅な増加によるものである。農村では8億人から4億人に減少したが、これは、農村地区の人口減少によるものである。しかし、農村において医療保険に入っていない人の割合は、94％から97％に増加した。国家統計局によると、1998年、基本的な医療保険に入っている人は1878万人だったが、2003年には1億1000万人に増加し、都市人口の20.8％、全国の8.4％を占めた。都市で基本的な医療保険に入っている人は、3億9730万人から4億1472万人に増加したが、その割合は95.5％から79.2％に下がった[2]。これは、中国衛生部の調査より1億人以上も多かった[3]。

女性、子供、および貧困層の健康状態の悪さは、特に問題である。母子の健康についてはかなり改善されたが、それでもま

---

1 慢性疾病は、肺結核等の伝染病と、冠状動脈性硬化症や高血圧等の非伝染性疾病を含む。統計には、疾病は調査の6ヶ月以内に診断されたもの、あるいは、調査の6ヶ月以内に再発し治療を受けているものを含む。
2 胡鞍鋼『中国の経済と社会の転換』, p.155。
3 中国衛生部, 第3回全国健康状況調査。

だ深刻な状況である。都市における産前健診率は、1993年の70％から2003年の88％に上がり、農村でも60％から86％に上がったが、このサービスを受けられない女性はまだ多い。農村には、産前検診をしなかった女性が2003年で105万人いたと推計される。また、都市においては、病院で出産する女性の割合は93％に達しているが、農村は62％に過ぎず、毎年286万人の女性が病院以外で出産している。

新生児の健康は大幅に改善された。2003年の新生児の低体重児の割合は都市と農村の差はそれほどなく、都市で3.1％、農村で3.8％だった。[1]どちらも、世界平均の16.8％より低く、中位の高所得国の8％と比べても低い。1歳の子供における集団免疫率も中所得国より高い水準であるが、農村においては56％しかなく、200万人の子供は、免疫記録がないと予想される。

中国には、収入や健康について解決すべき問題が残っている。中国衛生部の第3回全国健康調査によると、農村の3分の1が貧困状態であり、1人当たりの収入は1183元（実際は743元）であり、10年前の922元よりも少ない。また、同地区の60％の子供が定期健康診断を受ける機会がなく、妊婦の半数は、産前産後検診を受けておらず、90％の女性が自宅で出産している。

ほかにも、5.3％がきれいな飲用水を得ることができず、91.3％は清潔なトイレがない。[2]新生児死亡率、5歳以下の子供の死亡率、妊産婦死亡率については、都市と農村との格差は非常に大きい。例えば、2013年の新生児の死亡率は、都市が5.2

1　中国衛生部『2004衛生統計年鑑』。
2　中国衛生部，第3回国家衛生サービス調査，2003。

‰、農村が11.3‰であり、5歳以下の子供の死亡率は、都市で0.60‰、農村で14.5‰だった。妊産婦死亡率については、都市は10万人のうち22.4人、農村は23.6人で、ほとんど差がなかった。[1]現在、都市における健康状態は先進国並みになったが、農村では大幅に後れていると言える。[2]

　中国のたばこの消費量は世界最大で、これも国民の健康にとって問題である。1995年頃の喫煙率は30％以上だった。[3]最新のデータによると、男性の喫煙率は47.3％で、10年前の61.2％よりは減少したが、世界の男性の喫煙率である33％と比べるとまだ多いと言える。女性の喫煙者は、1993年の2億7000万人から2003年の2億5000万人に減少したが、世界の女性の喫煙者数の22.7％も占めている。都市においては、喫煙者は2億6000万人、喫煙率は26％で、世界の喫煙者数の23.6％を占めている。中国の喫煙者は、1日平均15.9本のたばこを吸っており、1年にすると5800本になる。世界の健康統計データに組み入れられている58カ国中、1人当たりのたばこの消費量が年間5000本以上なのは、中国とイランの2カ国しかない。中国では、2億6000万人の喫煙者が毎年1兆5000億本のたばこを消費しており、2003年の中国のたばこの生産高は3581万箱であった。[4]たばこ産業は国の主な税収源でもあるが、長い目で見た場合、国民の健康に深刻な影響を与えるだろう。

　中国はまた、酒の大量消費国でもあり、1年に約1000万ト

1　『中国統計年鑑2014』、表22-18。
2　United Nations Development Programme, "Human Development Report 2009/2010", p.131.
3　World Bank, "World Development Indicators 2002".
4　『中国統計年鑑2004』、p.560。

第 4 章　健康中国

ンの酒を消費している。15歳以上の常飲者の割合は総人口数の8.2%で、約8200万人にもなる[1]。2003年、都市と農村における1人当たりの酒の消費量は、それぞれ、9.39kg、7.67kgであり、年間の消費量は、それぞれ、492万トン、589万トンである[2]。たばこ産業と同じように、酒産業も国家の重要な税収源であるが、過度な飲酒もまた国民の健康に大きな害を及ぼすだろう。

　中国には、清潔な飲用水が得られない人が2億人から3億人いる[3]。2005年の調査によると、農村では34%の住民が安全ではない水を飲んでいる[4]。その数は約3億人であり、そのうち1億9千万人の飲用水には、規定量を上回る有害物質が含まれている。この数年、農村地区では、飲用水による疾病が50種類以上発生している。安全でない飲用水は、その地区特有の疾病や住血吸虫病の主な原因になっている。農村の約6300万人の住民は、フッ素量の多い水、約3800万人は鉱物等を含む飲用に適さない水を飲んでおり、その大部分は、北部と東部沿海地区の住民である。住血吸虫病は7省内の110の県と地区に蔓延しており、居住者は6000万人にものぼる。

　伝染病以外の疾病の脅威も増加している。例えば、高齢による心臓病および脳の血管疾患、腫瘍、糖尿病等の慢性疾患が特に増えており、2008年における中国の結核の症例数は世界の17.4%を占めた[5]。2010年の中国統計年鑑によると、都市では、悪性腫瘍、心臓病、脳の血管疾病、呼吸器系の疾病が主な死亡

1　常飲者とは、1週間に少なくとも3回以上飲むものを指す。1年に156回以上飲む者は習慣性があると思われる。
2　『中国統計年鑑2004』、p.366, 389。
3　新華通信社「3億人の飲用水が安全ではない」、2004/11/28。
4　中国水利部「2005年県農村の水資源調査報告」。
5　WHO, "Global Health Observatory 2010".

95

原因であり、2009年で78.68%を占めた。農村では、悪性腫瘍、脳の血管疾病、心臓病、呼吸器系の疾病が主な死亡原因で、全体の79.62%を占めた[1]。

　経済のグローバル化による環境や生活習慣の変化によって、新しい伝染病が健康に対する脅威となっている。例えば、エイズ（AIDS）は1980年代に米国で発見されてから全世界に広がり、この数年で中国にも広がった。中国衛生部によると、2005年、全国に54万人から76万人のエイズ感染者とエイズ患者がおり、そのうち、エイズ患者の数は6万5000人から8万5000人である[2]。2005年だけでも、エイズ感染者は6万人から8万人おり、エイズで死亡した人も2万人から3万人いた。全世界エイズ発症情況レポートでも、世界でエイズ患者が急増しており、2001年の49万人から2008年の70数万人にまで増加したと報告されている[3]。世界保健機関（WHO）と国連合同エイズ計画（UNAIDS）が発表した2002年における全世界エイズ発症情況のレポートでは、有効な対策をとらない場合、中国では10年以内にエイズ感染者数は10倍になり、2010年には1000万人にまで達すると警告している。現在、エイズ感染者は80万人足らずだが、厳重な警戒が必要である。ある研究報告では、2002年、中国には60万人から130万人のエイズ感染者がおり、患者数は毎年20%から30%増加すると予想している。これらをもとに推計すると、2015年には、エイズ患者が1100万人から8000万人に増えることが考えられる[4]。

1　『中国統計年鑑 2010』、表 21-43，21-44。
2　中国衛生部，UNAIDS，WHO「中国におけるエイズの流行と抑制」、2005。
3　UNAIDS『世界のエイズ流行 2008 年版』、p.219。
4　Wolf，"Fault Lines in China's Terrain".

第4章　健康中国

四、ミレニアム発展目標

　2000年9月の国連総会で、ミレニアム発展目標が宣言された。これは、加盟国のすべてが貧困をなくし、教育と健康を共同で改善しようとするものであり、中国もこの目標を達成することを宣言した。

　具体的な内容は以下の通りである。

　①2015年までに、1日の収入が1ドル未満の人を半減させる。

　②2015年までに、安全な飲用水と基本的な保健衛生に欠ける人を半減させる。

　③2020年までに、妊産婦死亡率を4分の3に減らす。

　④2015年までに、5歳以下の子供の死亡率を3分の2に減らす。

　⑤2020年までに、新生児死亡率を半減させる。

　中国は、収入については、すでに国連ミレニアム宣言の目標を上回っているが、健康面については、妊産婦死亡率以外のすべてが目標に達していない。

　中国の都市と農村における格差は、保健衛生サービスの違いによるところが大きい。今のところ、政府は基本的な健康サービスを、まだすべての国民に対して提供できていない。下層社会にある人は、基本的な保健衛生サービスを受けるすべもない。中国では、保健衛生サービスの約80％と大病院の70％近くが都市に集中しており、大都市における高度な医療設備数は先進国より多く余裕もあるが、小都市や農村地区では基本的な医療設備さえ不足している。極度の貧困地区では、医療設備の不足どころか、建物自体が老朽化し、医療設備は旧式のものしかな

97

く、医療スタッフの質も低い[1]。

　このように格差が拡大しているのは、農村へ投資配分がされにくい構造が原因である。つまり、経済的に後れている地区は、そのひどい保健衛生サービスを改善しようにも、その資金を得る術がないのである。政府は財政収入を有効的に配分できるような政策をとりはじめたが、その効果はまだ表れていない。

　中国の2020年における健康についての目標は次の通りである。（表4-1参照）

①平均寿命を2014年の74.8歳から77歳まで上げる。

②新生児死亡率を2013年の9.5‰から6‰に下げる。

③妊産婦死亡率を2013年の10万分の23から10万分の15に下げる。

④エイズ（AIDS）等の伝染病の拡散を阻止する。

⑤農村地区において、基本的な健康に配慮が必要な人々を、社会保障システムに組み入れる。

⑥農村で水道水を利用する人の割合を2005年の61.7%から90%以上に上げる。

⑦農村地区において、清潔なトイレを使える人の割合を2005年の53.1%から90%以上に上げる。

⑧安全な飲用水が不足している3億人以上の農民の問題を解決する[2]。

1　王紹光「中国の公共衛生事業の危機とモデルチェンジ」（『比較研究』第7号, 2003）。

2　基準に達していない飲用水とは、フッ素含有量の高い水、鉱物質等を含んだ飲用に適さない水、海水、汚染水、住血吸虫等の伝染病発生地区の水、微生物が規定以上に含まれる水を指す。馬凱『中国の国民経済と社会の発展のための第11次5カ年計画綱要テキスト』（北京科学技術出版社, 2006年版）, p.517。

⑨GDPに占める保健衛生と基本的な医療サービスへの投資を7%に引き上げる[1]。

表4-1　ミレニアム発展目標（2007年）

目標	高所得国	上位の中所得国	中国	中国の2020年目標
健康資源（千人あたり）				
医師の数	2.7	2.2	2.06 (2013)	2.5
病床数	5.9	4.2	4.45 (2013)	6
公共衛生と基礎的な医療サービス（％）				
子供の麻疹接種率	93	94	94	98
産前検診率	—	93	95 (2013)	95
農村地区の安全な飲用水の利用率	98	84	81	90
農村地区の清潔なトイレの利用率	99	61	59	90
医療健康サービス公平化のための基金（％）				
農村地区の医療保険カバー率	—	—	98.3 (2013)	100
都市の医療保険カバー率	—	—	99	100
政府の健康資源に対する投資の分担率	17	10	4	8

データ出所：UN in China, "Chaina's Progress towards the Millennium Development Goals", 2008 Report。2013年と2020年の中国のデータは、国務院『全国医療衛生サービス体系綱要（2015-2020）』（2015年3月）

1　2000年、人間開発指数の中位国の平均は6.9％。United Nations Development Programme, "Human Development Report 2003", p.103.

これらの目的は「国民全員が基本医療サービスを受けられる」「必要なところに病院がある」社会を作り上げることである[1]。そのためには、保健衛生サービスと基本的な医療サービスを強化する必要がある。次の10項目は、その助けになると思われる。

①すべての国民が基本的な保健衛生サービスを受けられる都市と農村を作り上げる。

②保健衛生についての知識を広める。

③保健衛生における突発的な事態に対して応急処置ができるようにする。

④病気を予防、抑制するシステムを作り上げる。

⑤都市と農村をカバーする、保健衛生と健康に関する個人情報システムを作る[2]。

⑥医療と保健衛生サービス体系を改善し、農村には3層の健康サービスネットワークを、都市には新しい保健衛生と健康サービス体系を作りあげる。

⑦さまざまな需要を満たす医療サービスを提供する。

⑧全国民のためのスポーツサービスと管理体系を整備し、政府の指導と国民の参加によって、動的なネットワークを形成する。

⑨スポーツセンターの拠点を増やし、スポーツ人口と競技人口を増加させる。

⑩すべての国民に、毎日運動することが科学的にもよく、一般的で、誰でもできることを周知させる。

---

1 胡錦涛「中国の特色ある社会主義に向かって全面的な小康社会建設する―党第18期全国代表大会報告」, 2012/11/8.

2 「第12次五カ年計画」では、2015年までに都市と農村住民の7%以上に電子健康カルテを作る計画を立てた。

第 4 章　健康中国

五、人間開発指数と小康社会

　新中国は建国から60数年を迎え、かつて国民全員が最低の
水準にあった人間開発指数は、短い期間で世界の平均と同程度
になった。

1. 人間開発指数の向上

　国連開発計画では、人間開発指数（HDI）が、0.50未満を
低位国、0.50 ～ 0.69を中位国、0.70 ～ 0.79を高位国、0.80
～ 1.00を最高位国としている。[1]新中国設立時の人間開発指数
は極めて低く、1950年は0.125程度でインドの0.160より低
かった。このため、中国は最も遅れている開発途上国と呼ばれ
た。当時、中国の1人当たりのGDPは439ドル（購買力平価
基準、1990年の国際ドル換算）しかなかった。これは、イン
ドの619ドルより低く、世界平均4594ドルの9.6％に過ぎな
かった。[2]1980年になると、1人当たりのGDPは、インドの
938ドルを上回って1000ドルに増加し、1980年から1985年
の平均寿命は67.7歳で、インドの56.3歳より大幅に長くなっ
た。人間開発指数も0.423に急上昇してインドの0.369を上回
ったが、人間開発指数の低位国であることには変わりなかった。
　改革開放後の30数年間、中国の人間開発指数は著しく向上
し、1980年の0.423から1990年の0.502に上昇し、人間開発
指数の中位国になった。2010年には0.700になり、世界平均
の0.693を上回った。2013年には0.719に上がり人間開発指

1　United Nations Development Programme, "Human Development Report
　　2009/2010", p.208.
2　Angus Maddison, "The World Economy: A Millennial Perspective", Paris:
　　OECD, 2007.

101

数の高位国となった。世界ランキングも187カ国中91位に上昇した。

2013年、中国の1人当たりの国民総収入（GNI）は、1万1477ドル（購買力平価ベース）で、これは、世界平均の83.6％に相当する。平均寿命は75.3歳になり、世界平均の70.8歳を上回った。教育年数は13年以上になり、世界平均の12.2年を上回った。

1980年から2013年にかけて人間開発指数が上昇した要因は、経済成長によるものが大きく、教育と健康が次に続く。2020年には0.760になる見込みで（表4-2参照）、この時期も、経済成長の貢献度が一番高く、次に教育と健康が続くと思われる。

表4-2　中国の人間開発指数、平均寿命、平均教育年数
（1950～2020年）

年	人間開発指数（HDI）	平均寿命（歳）	平均教育年数（年）	総合人間開発指数（GHDI）（億人HDI）
1950	0.125	41.0	1.0	0.677
1980	0.456	65.7	7.0	4.501
2090	0.534	68.6	7.4	6.105
2000	0.620	71.4	9.0	7.858
2010	0.703	74.8	9.9	9.427
2015	0.727	76.0	10.5	9.996
2020	0.760	77.0	11.7	10.648
2030	0.820	79.0	13.0	11.644

データ出所：国連開発計画（UNDP）, 『2014年人類発展報告』, p.246；2020年のデータは筆者の推計

第4章　健康中国

2．中国における人間開発指数の変化

　人間開発指数（HDI）の水準によって、国民を4つの段階に分けることができる。つまり、低位のHDI（0.5未満）、中位のHDI（0.5以上0.7未満）、高位のHDI（0.7以上0.8未満）、最高位のHDI（0.8以上）である。過去30数年間で、中国のHDIは著しく向上し、かつて低位のHDIだった国民は、中位のHDIとなり、さらに高位のHDIになりつつある。

　1982年、低位のHDIの人口は総人口の97%を占めていたが、1990年は75.3%に下がり、26.7%が中位のHDIになった。2000年には、中位のHDIの割合は86.3%に上昇し、4.9%が高位のHDIになった。2010年、高位のHDIが34.7%になり、2015年には69.4%に増加した。

　2020年には、95%以上の人口が高位のHDIになり、低位のHDIの人口は5%未満になるだろう。そうなれば、中国は国民全員が豊かになるという目標を達成したことになる。

3．総合人間開発指数

　人間開発指数は、ある国家、またはある地区における発展レベルを表すもので、GDPが国内総生産を表すのと同じように、人口の質を反映している。1人当たりのGDPに総人口をかけるとGDPが求められるが、これと同様、人間開発指数に総人口を掛けたものを総合人間開発指数（GHDI）という指標として考えることができる。これは、人間開発指数をもとにした国全体のレベルを表し、同時に人の能力と人口の規模も表している。

　このGHDIを使い、人の能力を観点とした国全体の発展について、中国とインドを比較してみる。中国の生産年齢人口ボー

ナスは高く、早めに始まるが期間は短い。インドはその逆で、人口ボーナスは低く、始まるのは遅いが期間は長くなるだろう。中国が現在の一人っ子政策を続けるなら、2030年以降、インドは中国より、総人口は2億人、生産年齢人口は2億2000万人多くなるだろう。1980年から、インドの人口が中国に追いつきはじめ、1980年、中国はインドの1.41倍だったのが、2000年は1.21倍となり、2020年には1.03倍になるだろう（表4-3参照）。GHDIの差は、1980年は中国がインドの1.41倍、2000年は1.49倍、2013年は1.35倍だったが、2020年には1.21倍に縮小するだろう。つまり、人間開発指数が変わらなくても、人口の差が縮小することによって、GHDIの差も縮小するのである。2013年の中国のGHDIは米国の3.41倍だが、2020年には3.38倍になると予測される。（表4-3参照）

表4-3　中国、インド、米国の総合人間開発指数 (GHDI)
（1980～2020年）

単位：億人 HDI

	1980	1990	2000	2010	2013	2020
中国	4.18	5.76	7.49	9.40	9.79	10.64
インド	2.58	3.75	5.03	6.87	7.25	8.80
米国	1.90	2.19	2.52	2.83	2.87	3.15
中／米（倍）	2.20	2.62	2.97	3.32	3.41	3.38

データ出所：国連開発計画（UNDP）,『2014年の人間開発指数報告』。2020年のデータは筆者の推計

全面的な発展のためには、GHDIを増加させなくてはならない。中国の人間開発指数が、先進国並みになったとしても、人口政策を変えないならGHDIを増やすことはできない。人的資本への投資を引き続き強化し、国民の平均的な教育水準を上げると同時に、人口政策によって子供の人口を増加させる必要がある。

中国は、人間開発指数上は十分に進歩をした。GHDIは世界の平均以上だが、巨大な人口と広大な領土を抱えているため、地域間に大きな差がある。都市と農村の格差だけではなく、地域内における発展格差と絶対貧困人口をなくしていく必要がある。また、社会的な発展が経済発展より遅れているため、両者の不均衡の解決も必須であろう。

第5章
教育と人的資本

　人の能力は教育によって全面的に高められ、それが国家発展の基礎になる。国家間の技術レベルや経済発展の差は主に教育水準の差によるもので、学校教育が現代技術の獲得には有効なのである。[1]

　人的資本は、15歳以上の人口と平均教育年数の積で表される。教育の向上によって人的資本が増加し、人的資本が増加すれば経済も発展する。人的資本は、いわゆる正の外部性があるため、人的資本への投資は経済発展に大きな効果があると言える。

　1949年の新中国の設立直後は非識字者が多かったが、1977年には初等教育が普及し、現在は人材大国と言えるようになった。本来なら重い負担となる人口の多さを優位性に変えたのだ。2020年頃までには、人的資源はさらに豊富になっているだろう。

一、新中国設立後の教育（1949〜1977）

　1949年、中国は世界で人口が最も多いだけではなく、非識字率も世界一で、その数は4億3200万人で人口の80％も占めていた。大学程度の教育を受けたのは18万5000人、高校程度

---

[1] Easterlin Richard, "Why Isn't the Whole World Developed?", Journal of Economic History 41, No.1, 1981, p.1-17.

も400万人で、合計しても総人口の0.74％に過ぎなかった[1]。15歳以上の教育年数についても、世界の平均は4年だったが、中国は1年しかなかった[2]。また、1950年における中国の人口は3億3800万人で、世界の21.6％を占めていたが、人的資本は5.5％を占めるのみだった[3]。新中国設立時の人的資本は非常に乏しかったと言える。

新中国設立後、政府は教育水準の引き上げを重点課題とした。各種の学校が急速に発展し、学生数も増え続け、1978年には基本的な就学前教育、初等教育、中等教育、高等教育、成人教育の体系が作られた。小学校の入学率も、1950年の49.2％から1978年の95.5％に増加し[4]、初等教育が義務教育化され、非識字率も大幅に減少した。1978年、中国の在校生数は世界一になり、15歳以上の平均教育年数は5年に延びた。そして、1980年に中国の人的資本は世界の17.5％を占めて世界一になった[5]。このような改革開放前の初等教育の向上が、1978年以後の高度経済成長の基礎となった。

しかし、毛沢東時代は高等教育については停滞しており、この時期を3つの段階に分けることができる。第1段階は1949年から1959年の急速な発展期であり、大学生数は11万7000人から100万人近くに増加した。第2段階は1961年から1970年の後退期であり、大学生数は1961年に95万人だったのが、1966年に53万人、1970年には4.8万人になってしま

---

1 『中国教育年鑑 1949-1982』、p.168。
2 他の国については、米国が11.27年、フランスが9.58年、ドイツが10.40年、日本が9.11年。Angus Maddison, "Chinese Economic Performance in the Long Run, 960-2030 AD", Paris：OECD, 2007.
3 人的資本は、15〜64歳の人口数に平均教育年数を掛けたもの。
4 『中国統計摘要 2010』、p.174。
5 胡鞍鋼「人口大国から人的資本大国へ：1980-2000年」（『中国の人口統計』第5号, 2002, p.1-10）。

った。これは、1959年から1961年の凶作と、1966年からの
「文化大革命」による大学休校の影響である。第3段階は1970
年から1976年の回復期で、1970年に大学の募集が再開し、
労働者、農民、兵士だけが入学を許された。合格基準は「国民
の推薦、指導者の同意、学校の承認」が原則だったが、合格率
はほぼゼロであり、大学入学者数は1959年よりも少なかった。
中等教育と専門技術教育においても同じような状況だった。
　「文化大革命」の10年間がなければ、大学生数は100万人以
上、高校と専門技術学生数は200万人多かったと予想される。
「文化大革命」が、人的資本の蓄積を妨げたのは間違いないだ
ろう。[1]

二、改革開放後の教育（1978～2000）

　1977年7月、鄧小平が党のリーダーになると、教育、科学、
技術をつかさどる国務院副総理を自ら兼任した。なぜなら、鄧
小平は教育、科学、技術が現代化に必要であることを十分に分
かっていたからだ。大学入試と大学院が回復し、学士、修士、
博士といった学位体系がつくられると、1978年には40万人の
学生が大学に入学し、大学生数は62万5000人、大学院生は1
万人になった。[2]選抜された優秀な学生は海外留学ができるよ
うになり、1978年には860人が海外に派遣された。[3]高等教育
を発展させ、長期的に人的資本を蓄積するための制度的な基礎
ができあがったのだ。

1　詳細な分析は、胡鞍鋼「毛沢東時代の評価」（『中国の政治経済史 1949-
　1976』第1章，清華大学出版社，2007）。
2　中国国家統計局『新中国60年統計資料』，表 1-7-1。
3　『中国教育年鑑 1949-1982』，p.922。

1980年代、政府は9年制の義務教育体系を整え始めた。1980年12月3日、党中央と国務院は、1980年代に小学校の義務教育化することを決定した。そして、1982年12月4日「国家は各種の学校の設立義務があり、初等教育は義務化とし、中等教育、職業訓練、高等教育、就学前教育についても発展させなくてはならない」と憲法で定められた。また、1983年に教育部が「初等教育義務化に関する基本的な臨時条例」を公布した。1986年の第6回全国人民代表大会第4回会議では教育法が制定され、義務教育のための基本的な法律ができあがった。2000年には、総人口の85％が義務教育を受けており、若い世代における非識字率の問題は解決したと言える。

　この時期は、小中学校の入学率を高めることにも重点がおかれ、1990年の小学校入学率は97.8％、中学校入学率は66.7％、大学入学率は3.4％に達した。2000年の中学校入学率は88.6％、高校入学率は42.8％、大学入学率は12.5％になり、大学生も556万人に増加した[1]。

　1950年、中国の人的資本は世界平均の半分しかなく、先進国より85％も低かったが、1980年には世界平均に達し、2010年には先進国との差も縮小した（表5-1参照）。1950年から2010年における人的資本の年平均増加率は3.73％に達し、世界平均の1.27％、先進国の平均である0.81％より大幅に高くなった。

　1979年から2003年、GDP成長率に対する教育の寄与度は2.92％に達し、そのうち、教育による直接的な寄与度は0.85％で、外部からの影響が2.07％だった。教育の寄与度は韓国

1　『中国統計摘要2009』、p.185，190。

第5章 教育と人的資本

表5-1 15歳以上における平均教育年数（1950～2010年）

単位：年

年	中国	発展途上国	先進国	世界
1950	1.00	2.05	6.22	3.17
1960	2.00	2.55	6.81	3.65
1970	3.40	3.39	7.74	4.45
1980	6.40	4.28	8.82	5.29
1990	7.40	5.22	9.56	6.09
2000	9.00	6.15	10.65	6.98
2010	9.90	7.09	11.03	7.76

データ出所：Roberi J.Barro and Jong-Wha Lee, "A New Data of Educational Attainment in the World", 1950-2010, Working Paper 15920 (Cambridge,Mass：National Bureau of Economic Reserch, 2010)。中国のデータは筆者の推計。

の4.18%よりは低かったが、米国の2.0%や日本の1.66%よりも高かった。[1]

三、人的資本大国（2001～2020）

　現代化のためには人的資本の増加が重要である。中国の人口は10億人以上もあるため、現代化するには教育に思い切った投資をする必要がある。個々の人的資本を高めることで、全体的な人的資本も高めるのだ。

　2000年になると高校入学率が急上昇した。第10次5カ年計画では、2005年までに高校入学率を60%に引き上げることを目標としたが、結果は52.7%であったため、第11次5カ年計

1　王魯・樊綱・劉鵬『中国の経済成長の転換と持続可能な成長』，P.4-16
　胡鞍鋼『人口大国から人的資本大国へ』。

表5-2　中国の教育資源（1990 ～ 2020 年）

	1990	2005	2009	2014	2020
高校教育					
学生数（百万人）	－	40.00	46.41	42.03	47.00
職業訓練学生数（百万人）	0.22	－	21.95	18.03	23.50
入学率（％）	21.9	52.7	79.2	86.5	90.0
高等教育 (a)					
学生数（百万人）	3.82	24.00	29.79	32.90	35.50
入学率（％）	3.4	21.0	24.2	37.5	43.0
修業生人数（百万人）	1.97	8.49	14.06	15.20	16.20
卒業生人数（百万人）	0.09	0.98	1.41	1.70	2.00
新規就業者の教育年数（年）	9.5	11.3	12.0	12.7	13.5
就職後も教育を受けた人数（百万人）	－	－	170	290	350
高等教育を受けたことのある人数（百万人）	16	70	98	142	210

データ出所：『中国教育年鑑 2010』、2020 年のデータは作者の推計。
注：(a) 大学以上の教育

画でも、この目標が掲げられた[1]（表5-2参照）。2008年の高校入学率は74.0％、中等職業訓練校生は2057万人で、高校生4546万人の45.2％だった。2014年には、高校入学率は86.5％、高校生数は4200万人になった。

　第10次5カ年計画では、2005年までに高等教育（大学以上の教育）の入学率を15％とすることを目標とし、2002年に実現した。2010年、高等教育に入学する資格のある者は1億

1　「第 10 次五カ年計画」では、初めて第三者による評価がなされたが、中国はこの重要さを理解していなかった。詳細は、胡鞍鋼・王亜華・鄢一龍「第 10 次五カ五年計画の実施状況の評価報告」（『経済研究』第 2 号，2006，p.40-55）。

1900万人、2014年には1億5000万人になり、1949年の800倍以上になった。これは、高等教育が特別なものではなく、一般的になったことを示している。正式な高等教育を受けた学生数は2100万人、定時制教育や通信教育等による学生数は1180万人に達した。また、高等教育の学生数は、米国の1800万人を上回って世界一となり、世界の4分の1を占めた[1]。しかし、高等教育の入学率は37.5％しかなく、米国より大幅に低い。大学院生数は、2000年の30万人から2014年の185万人に増加し米国を上回った。

　中国は、高等教育を海外にも開放し、アジアでは留学生の受け入れ人数が最も多くなった。2008年、中国における留学生は22万3500人だったが、2014年には37万人に増加した[2]。外国に留学した学生数は、1978年から2014年で180万人に達した[3]。米国は留学生の受け入れが一番多い国であるが、中国の留学生も20％が米国への留学だった[4]。その他の留学先は、イギリスが12％、ドイツが10％、フランスが7％、オーストラリアが6％、日本が5％だった[5]。また、中国の高等教育機関に入学できる留学生の割合は、米国や他の先進国より大幅に高いため、留学生の受け入れをさらに増やすことができる。今後は、留学生の受け入れ人数でも世界の上位にはいるだろう。

　また「教育の海外進出」も始めた。2014年までに、126カ国に、475校の孔子学院と851カ所の孔子課堂が設立され、そ

1　Voice of America, "Education Report Foreign Student Series：Financial Aid,"2009/2/4.
2　中国教育部, 記者会見, 2014/3/18。
3　中国教育部『国際協力年鑑2009』, www.moe.gov.cn/publicfiles/business/htmlfiles/moe/s3124/201002/82571.html.
4　Voice of America, "Education Report Foreign Student Series"
5　O'Malley, "US Share of Foreign Students Drops".

の登録者は111万人に達した[1]。開放することで教育を発展させることは、特に高等教育では、世界ランキングを上げるのと同じくらい重要である。高等教育の発達は、ソフトパワーの面でも世界に影響を与えることができるからだ。

　このように人的資本が急速に増加したのは、生産年齢人口の増加だけでなく、その教育年数も増加したからである。1950年の人的資本は3億3800万人年だったが、1982年には44億人年となった（表5-3参照）。年平均増加率が8.8％と高かったのは、1950年の15歳以上の教育年数が1年しかなかった等、人的資本が低すぎたからである。2005年、人的資本は99億人年に達し、1982年の2.25倍に増えた。1982年から2010年の年平均増加率は2.9％に減少したが、これは、1982年の教育年数が7.0年と長かったからである。現在、中国は人的資本大国と言え、このことは中国の発展に極めて有利にはたらくだろう。

表5-3　中国の人的資本（1950～2020年）

	1950	1960	1982	1990	2010	2020
生産年齢人口（15-64歳）						
人数（百万人）	338	363	625	763	999	996
総人口に占める割合（％）	62	56.3	61.5	66.7	74.5	69.6
平均教育年数（年）	1.0	2.0	7.0	7.4	9.9	11.7
生産年齢人口（15-64歳）						
十億人年	0.3	0.7	4.4	5.7	9.9	11.7
世界に占める割合（％）	5.5	9.0	21.1	23.6	25.8	25.2

データ出所：国連経済社会局『世界人口予測』（2012）、中国国家統計局『中国統計年鑑2014』、2020年のデータは筆者の推計

1　中国教育部「孔子学院発展報告2014」。

第5章 教育と人的資本

　2003年、中国教育部は人的資本発展プロジェクトチームを
立ち上げ、20年後に世界最大の「学習型社会」を作り上げる
ための目標を立てた。すなわち「学習と知識を共有できる」「大
学の卒業生数が多いだけでなく卒業生の能力も高い」国を作る
という目標である。また、2007年の党第17期全国代表大会で
は「教育事業を優先し、人的資本強国になる」というスローガ
ンを正式に発表した。[1]政府は、重い人口負担を豊富な人的資
本に変えようとしているのだ。

　この目標を実現するために、2020年までに高校教育機関の
入学率を90％にし、学生数を米国の2倍の4700万人にするこ
とを目指している。また、高等教育入学率も40％を目指す。
2008年から2015年は、大学に入学する年齢の人口が減るため、
その後の10年間は大学生数と大学院生は減るだろう。しかし、
新規就業者の平均教育年数は、2010年の12.4年から2020年
の13.8年に延び、これは、2005年におけるOECD加盟国の
平均に相当する（表5-2参照）。2020年には、中国は高等教育
を受けた人口が世界最多となり、その数は2億人以上になるだ
ろう。これは、米国の生産年齢人口である2億2千万人とほぼ
同じ人数である。[2]しかし、労働者のうち高等教育を受けた者
は20％に満たない見込みで、この割合を高めるには、まだ時
間がかかるだろう。

　中国の留学生受け入れ人数は、2020年に50万人から60万
人になり、世界の留学生の約10％から15％を占めるだろう。

1　『中国の教育と人的資本開発計画』（北京：高等教育出版社，2003）。2005年
　10月、胡錦涛党総書記は、第16期第5回中央委員会全体会議で「人的資本
　の開発を加速し、労働者の質を高め、中国を人口大国から人材大国にする」
　と述べた。これは2009年3月における筆者の論評にもとづいている。

2　United Nations Economic and Social Council, "World Population Prospects：
　The 2012 Revision".

15歳以上の人口の教育年数は11.0年になり、2005年における経済協力開発機構（OECD）加盟国の平均である11.5年に近づくだろう。15歳から64歳の人口が10億人近くもいるため、人的資本は1950年の34.6倍である117億人年になり、世界の25％以上を占めることになる。

　中国経済が急速に成長した要因の1つは、明らかに教育である。教育の向上は、安定的な経済成長のための原動力になる。王小路らの研究によると、1998年から2007年、人的資本の外部性も含め、教育によるGDPへの直接的な寄与度は、GDPの2.2％を占めた。[1]王小路によると、この情況が続けば、2008年から2020年の経済成長は9.34％になり、そのうち教育の寄与度は2.4％に達するということである。

　また、教育は人間開発指数（HDI）に直接影響し、その割合は30％になる。基礎研究と知識の向上に対する教育の寄与度は、2007年の70％から2020年の80％に増加するだろう。[2]さらに、初等教育を均等化し、すべての地域のすべての子供が教育の機会を平等に持つことができれば、地域間、家庭間の所得格差が縮小し、調和のとれた社会を作ることができるだろう。

四、人的資本強国

　2020年までに、中国が人的資本国になるには、まだ多くの問題を解決する必要がある。一番の問題は、教育の質が低いこと、また、多様化する教育の需要に応えていないことである。

1　王魯・樊綱・劉鵬「中国の経済成長の転換と持続可能な成長」、p.4-16。
2　2007年、高等教育機関による基礎研究投資額は全体の50％を占めた。国際的な論文数は全国の70％以上を占めた。

第5章　教育と人的資本

基本的な教育は普及したが、学生やその親は、よりよい学校と
よりよい教育を求めている。中国は学生数では世界一だが、教
育内容が充実していないのである。また、教育を受けた人数は
世界の20％を占めるが、2007年のGDP（市場為替レート換
算法）に占める割合は世界の5.9％に過ぎず、教育への投資に
至っては4.2％しかない。GDPに占める教育への投資は、
2007年の3.2％から2012年の4.28％に増加したが、世界平均
の4.5％には及ばない[1]。

　また、高等教育の入学率だけを重視しているため、労働力市
場や国際競争等の多様化するニーズを満たしていない。また、
都市と農村における義務教育の質の差が大きすぎることや、教
師の質にも問題がある。さらに、就学前教育と幼稚園の入学率
は低く、2008年で47.3％に過ぎない。

　以上の問題を解決するためには、以下の6項目の措置をとる
べきである。

①教育をさらに普及させる

　就学前教育を早急に普及させ、2020年までに幼稚園の入園
率を80％以上に高める。また、9年制の義務教育体系も改善し、
小中学校の卒業率85％以上、高校の入学率93％、卒業率95％
を目指す。小中学校、高校全体の入学率についても、2007年
の66％から2020年には85％程度に高め、先進国との差を縮
小させる。積極的にさまざまな職業教育プログラムを実施する。
農村地区では、教育の無料化や教育の補完を行い、働きながら
勉強できる等のシステムも導入する。

1　World Bank,"World Development Indicators 2009",p.14-16,80-82.

②教師の質を高める

　政府は優れた教育者を育成する責任がある。小学校の教師は、少なくとも2年の大学教育を受けさせる。また、小中学校の新任教師はすべて正規の大学卒とする。高校の教師は大学院卒の人数を増やす。正規の大学教授なら修士号の人数が90％以上、重点大学の教授なら博士の学位を持つ人数が90％以上、かつ60％は海外の学位を持っているべきである。また、都市と農村のすべての学校が基本的な教育情報を得られるような、近代的なインフラとネットワークを構築する。これにより、教育者が情報を共有することができるようになり、学校も、学生の学習方法、実践能力、創造力を向上させるために活用できる。さらに、大学卒業生の仕事の能力、開発能力、国際競争力を向上させたり、中国の特色を生かした大学や学術機関を設立したりする必要もある。

③国民全員が平等な教育を受けられるようにする

　農村の住民が平等に教育を受けられる教育体系を整えなくてはならない。特に、学齢人口をカバーし、都市と農村間、地域間、学校間の教育水準の格差も縮小する必要がある。都市では、外国人就労者の子供も9年制義務教育と中等職業教育を受けられるようにする。少数民族地区の教育も改善し、貧困家庭の子供には積極的に経済援助をする。身体に障害のある若者も、義務教育と中等職業教育を受けることによって、個々の能力を高められるようにする。貧困家庭が多く環境的にも恵まれていない中西部地区では、大型の寄宿学校（小学校、中学校、高校、職業教育学校）を設立し学校に通えるようにする。就業能力が高まれば、農村人口、特に農村の青年が発展地区に移動しやす

くなるからである。

④教育体系を改善し、制度改革を促す

　どの教育段階がどのような機能を果たすべきか、政府は認識しなければならない。政府が、公共教育のための基本的な施設や基盤を全国につくり、発展計画を立て、政策、財政、人的資本の方面で支援する。地方政府が主な管理者となり管轄区域内の教育発展を担当し、就学前教育、初等教育、中等教育、職業教育についても対応する。学校は、独立して運営管理する組織とし、そのための権利も与えるが、公衆による監視は必須である。また、非政府機関や個人による学校設立を奨励し、学校数、教師数、学生数と義務教育以外の学校への投資額を大幅に増やす。現在、公立大学は独立学院や継続教育学院を設立し、さまざまなレベルの教育や地区ごとの教育の需要に応えている。政府は、企業やさまざまな業種の事業体が、それぞれ独立、または、協力して、中等もしくは高等職業訓練校を設立しやすいように奨励し、継続的に支援していくべきである。

⑤国内外の教育資源を十分に活用する

　学校は、国内外の市場に対して開放的であるべきである。国内では、教育を受ける学生数を増やし、博士候補生に奨学金を与え、世界の一流大学や研究機関で研究できるようにする。海外の大学を卒業した学生には帰国するよう奨励し、海外在住の研究者に対しては、それぞれの立場で中国に貢献できるように奨励する。世界の一流大学と協力して、中国に学習センターや学院を設立するよう奨励し、海外の教授による外国語の授業数を増加させる。国際的な視野を持っている、国際的な慣習を理

解している、国際競争の経験がある、といった質の高い人材を
500万人ほど養成する。さらに博士と修士の数を2013年の30
万人と150万人から、2020年には50万人と200万人にそれぞ
れ増やし、質的にも先進国に追いつくようにする。また、優秀
な交換留学生を積極的に受け入れ、開発途上国からの留学生に
対しては奨学金の額を増やす。

⑥新しい教育投資体系を作りあげる

　政府を主体とし、他の組織が補完するような教育投資の体系
を作り、GDPに占める教育投資の割合を2020年に7.0％まで
引き上げ、そのうち、政府の支出額は5.0％以上にする。

　現在の中国は、豊富な人的資本と国際競争力を有している。
新中国の設立以来、特に改革開放後は、教育において今までに
ない進歩をしたと言える。中国は教育に対して明確な目標を持
っている。この目標を持ち続けることが、発展の過程で大きな
意味を持つことになるだろう。

第6章

科学技術の革新

　1978年以降の中国の発展は目覚ましく、世界で再び影響力を持つようになっている。西欧の科学と文化は、14世紀頃から急速に発展した。印刷技術の発展は思想と知識の普及に大きく貢献し、それに伴って、都市化、グローバル化、技術革新、産業革命が起こった。現在の中国は、その頃の西欧に似ていると言える。中国の発展の特徴は、先進国から科学技術や知識を吸収し、さらに発展させていくところにある。具体的には、携帯電話、コンピュータ、インターネット、ブロードバンド等の新しい通信技術を使って、知識、技術、情報、文化を広め、さらに、開放することによって経済のグローバル化と国際競争に参入している。中国は、経済成長だけでなく、科学技術の分野でも急速に発展しており、2020年には世界最大の知識型社会となり、人類の発展にも大きな貢献をするだろう。

一、知識型社会への転換

　経済が発展する要因はさまざまだが、現在は、知識が大きな影響力を持つようになり、新しい経済成長理論もできあがっている。つまり、知識が国家や地域の経済成長に大きく影響するようになったのである。[1] 21世紀の経済競争では知識が最も重

1　World Bank『世界発展報告：知識と発展』（1998）。

要な資源となり、知識レベルが低ければ発展は制約されることになる[1]。

　世界の200カ国・地域中、人口が1億人以上の国は31カ国あるが、研究開発に従事する科学技術者が100万人以上いるのは中国と米国だけである。その数は、中国は2014年で380万人、米国は2011年で240万人である[2]。大学教育を受けた科学技術者が1000万人以上いるのも中国と米国だけであり、中国は2009年で2000万人、米国は2007年で1660万人だった[3]。中国は、科学技術分野における豊富な人的資本を生かして、知識型社会を作ることができるだろう。

二、科学技術力とその評価方法

　国際競争が激しくなり科学技術がグローバル化する現在、科学技術レベルの向上と科学技術力の蓄積は必須である。科学技術の進歩がないこと、進歩が遅いことは後退を意味する[4]。

　それでは、科学技術力とは何を意味するのだろうか。門洪華と筆者は、2002年に中国、インド、日本、ロシア、米国の総合国力について研究した際、科学技術を特に重視した[5]。韓国国民大学のウン・ジョンハクも、国家の科学技術力は科学技術や知識の蓄積によって決まると述べている[6]。

1　胡鞍鋼『知識と発展』（北京大学出版社，2001）。
2　『中国科学技術統計年鑑2014』p.3，；OECD, "Main Science and Technology Indicators 2014", 2nd ed.
3　中国科学技術部『2010年科学技術資料統計』；全米科学財団（NSF），"US Science and Engineer Indicators 2010".
4　江沢民，十六大報告。
5　胡鞍鋼，扉洪華「中米日露印の総合国力の国際比較（1980―1998）」（『世情報告』第10号，2002）。
6　Jong-Hak Eun, "Assessing the Science and Technology Power of China", Seoul, 2007/5/30.

科学技術力と発展の関係は以下の通りである。[1]

①科学技術力とは、単なる特殊な技術や世界との比較を指すのではなく、科学技術力の競争における全体的な地位を指す。つまり、将来的に国力が上がるのか下がるのかが重要である。

②科学技術力は、ある時点の力ではなく、過去から未来を予測し、国力が上がるか下がるかを評価するものである。

③科学技術力は、ある国家の絶対的な力を指すのではなく、国家の相対的な力を指す。つまり、他国との比較や世界に占める割合から見たものである。

④科学技術力には、国内の資源だけではなく、世界の資源を利用する力も含まれる。経済と科学技術のグローバル化に伴って、知識と情報が最も重要になってきている。科学技術は世界単位で発展するため、国家が開放的になることで、科学技術を導入する機会も多くなる。さらに、世界の科学技術を利用できれば、国家全体の科学技術レベルも高めることができる。

熊又志と筆者は、科学技術力の定義を、科学技術を獲得、利用、分配できる総合能力とした。そして、科学技術力を以下の5つの能力に分類し、それぞれ指標を選んで数値化した。ただし、科学技術についてすべてを網羅するものではない。

①科学的な革新力

これは、国際的な学術定期刊行物に発表した論文数によって評価する。分野は、物理、生物、化学、数学、医学、工学、宇

1　胡鞍鋼・熊義志「中国の科学技術力の定量分析 1980-2004」(『清華大学学報』,哲学社会科学版, 第2号, 2008)。

宙技術等である。論文は、科学技術に関する国家の革新力と国際的な影響力を反映する。国際的な学術定期刊行物で発表した論文が多いほど、国際的な影響も大きいということである。ここでは、論文の数量を重視する。

②技術の革新力

これは、自国の特許管理局における特許数で評価する。ある国家の特許数は新技術の影響力を表し、国内の新技術が海外に伝わることも意味する。企業が独自の技術で特許をとれば、国際的な競争力を獲得することになる。

③新技術を利用する能力

これは、コンピュータの使用人数から評価する。コンピュータは、一般的に使われている現代技術の代表であり、新技術を利用する能力と言える。コンピュータを使うことで、労働生産性が上がり国際競争力を高めることができる。

④世界の情報を利用する能力

これは、インターネットユーザー数で評価する。インターネットを使うということは、情報収集能力と世界に影響を与える能力があるということである。情報を広め、大量に使うことによって、情報資本と知識資本を増加させることができる。

⑤研究開発に投資できる能力

これは、研究開発費（購買力平価ベース）で評価する[1]。研

1　研究開発によって、知識と応用範囲が広げることができる。

第6章 科学技術の革新

究開発費が多いことは研究開発に投資できる力があるということであり、また、将来の研究開発の可能性をはかるものでもある。[1]ある時期の研究開発投資が多ければ、将来、その成果が出る可能性も大きくなるということだ。

この5つの能力の中で、①②は国家の知識と技術の革新力であり、③④⑤は知識と技術の運用能力を表す。また、①②③④は実物指標であり、国境を越えて比較することができる。⑤は可能性の指標である。まずは、実物指標から考察していかなければならない。なぜなら、それらは実際の科学技術レベルを反映しており、国際比較にも便利だからである。

この5つの指標のそれぞれに1つの値を割り当てた。計算を簡単にするため、これらの指標に対して同じ割合をとって、国家の科学技術力を計算した。これは、相対的な力、つまり、世界の科学技術力に占める割合を表す。この割合が、25年以上増え続ければ上昇型、25年以上減り続けているなら下落型と言える。このようにすれば、国家間の相対的な差を評価することができる。

科学技術力は、現在の科学技術のレベルではなく、さまざまな指標から算出した総合力で、世界における競争力も表している。科学技術のレベルが高い国が世界に影響を与えるとは限らないし、科学技術のレベルが低い国が大きな影響を及ぼす可能性もある。

---

1 Manuel Trajtenberg は、研究開発投資が多いほど、国の潜在力と革新力も大きくなると述べている。Manuel Trajtenb erg, "Product Innovations, Price Indices and the Measurement of Economic Performance", Working Paper 3261, (Cambridge, Mass.：National Bureau of Economic Research, 2005).

表 6-1　中国の科学技術論文数の順位と世界に占める割合
（1987 ～ 2013 年）

年	科学文献引用索引 （SCI）	科学技術会議録 論文索引（ISTP）	光学技術文献 （Ei）
1987	24	14	10
1990	15	13	9
1995	15	10	7
2000	8	8	3
2005	5　（5.3%）	4	2　（12.6%）
2008	2　（8.1%）	2　（12.5%）	1　（22.5%）
2009	2　（8.8%）	2　（12.8%）	1　（23.9%）
2012	2	2	1
2013	2	2　（13.8%）	1

データ出所：中国科学技術部『科学技術統計年鑑』（2010，2014）。
注：（ ）内は、世界に占める割合

三、科学技術力の分析

　米国、日本、ドイツ、イギリス、中国は、世界でもトップレベルの科学技術国と言える。2012年における、5カ国の科学技術に従事する者の合計は世界の28%に過ぎないが、科学技術力の合計は世界の56%以上になる。この5カ国の科学技術力が、世界の科学技術の発展と方向を決定することになる。この5カ国で中国だけが開発途上国だが、人口が世界一多く、科学技術分野でも豊富な人的資本を有している。

1．国際的な科学技術の定期刊行物における論文
　改革開放の初期は、国際的な学術誌で発表された中国の科学技術論文は少なかった。1980年に世界で発表された論文の割合は、米国が39.6%、日本が7.92%を占め、中国は0.33%に

第6章　科学技術の革新

過ぎなかったが、2008年には世界第2位となった[1]。

　科学技術に関する学術誌のデータベースである科学文献引用索引（SCI）と工学に関するデータベースである光学技術文献（Ei）によると、1987年、中国の論文発表数は、SCIで第24位、Ｅｉで第10位だったが（表6-1参照）、2008年には、SCIの8.1％を占め第2位に、Eiの22.5％を占め第1位となった。また、科学技術に関するデータベース、科学技術会議録論文索引（ISTP）でも論文総数の12.5％を占め、米国に次ぐ第2位だった。また、国際的な学術誌に発表した科学技術論文数は世界の11.5％を占め、米国の26.6％に次ぐ第2位だった。これは、中国が生産国であるだけではなく、科学技術分野でもトップレベルになったことを示している。

　また、2008年に中国が社会科学分野で発表した論文数は、世界の1.6％を占め第11位であった[2]。社会科学分野における国際的な地位は、自然科学分野よりまだ低いが、この分野でも急速に発展していることは確かである。

　科学技術分野における中国と米国の差は急速に縮小している。国際的な学術誌に発表した論文数の差は、1981年では120.3倍もあったが、2000年には10.4倍、2013年には1.48倍に縮小した（表6-2参照）。

　電子、通信、材料、コンピュータといった応用科学の分野については、中国はすでに先進国と同レベルにある[3]。主要機関

1　中国科学技術部『科学技術統計摘要2010』。
2　『中国科学技術論文の統計と分析2009』。
3　Eun, "Assessing the Science and Technology Power of China"；P. Zhuo and L. Leydesdorff, "The Emergence of China as a Leading Nation in Science", Research Policy 35, No.1, 2006, p.83-104.

127

表6-2　世界に占める五大国の国際科学技術論文の割合
（1981～2013年）

単位：％

	1981	1985	1990	1995	2000	2005	2010	2013
中国	0.3	0.6	1.3	1.6	2.9	5.9	14.4	17.3
日本	7.6	8.4	8.1	8.3	9.1	7.8	8.4	5.6
ドイツ	8.1	7.8	6.8	6.7	6.9	6.2	8.1	6.4
イギリス	9.3	9.2	8.2	8.1	7.7	6.4	8.3	6.8
米国	39.9	39.2	40.3	34.3	30.6	29	26.5 (2009)	25.6
米/中（倍）	120.3	70.9	30.5	21.3	10.4	4.9	1.8	1.48

データ出所：世界銀行『世界の発展指標2006』。中国国家統計局『中国の科学技術論文
の統計と分析』

の中核を中国の科学者が担っている分野もあり、国務院科学技術省はその功績を高く評価している[1]。また、工学、材料工学、化学、数学、物理、コンピュータ科学、多学科科学、薬理学および製薬学、地質学、環境科学、宇宙科学の11分野で、世界に占める論文数の割合は、中国が5％以上を占める[2]。

　科学技術論文の数量だけではなく、質的にも大幅に向上しており、世界で10位以内に入っている。社会科学分野のデータベースによると、1992年から2001年における論文の被引用数は世界第19位であったが、1996年から2005年で第13位、1998年から2008年では第10位となった[3]。中国科学技術情報研究所によると、1996年から2005年には6分野が上位10位以内になった。1998年から2008年には、工学、材料工学、化学、数学、物理、計算機科学、多学科科学、薬理学および製

1　『科学技術統計摘要2010』。
2　『中国科学技術論文の統計と分析2009』。
3　『科学技術統計摘要2009』。

薬学、地質学、環境科学、宇宙科学の11分野で上位10位以内に入った。[1]

　中国の科学技術は量的には世界第5位となり、次は質を高めていく段階に入っている。2006年に政府が設定した目標は、2020年までに論文の被引用数を世界の上位5位以内にすることであった。[2]1994年から2004年、中国の科学技術論文の被引用数は世界第18位だったが、2004年から2014年には、世界に占める割合が10.4％に増加して第4位となった。これは、目標を前倒しで実現したことになる。今後20年以内には、中国の研究論文数が世界で最も多くなるだろう。

2．国内外の特許

　中国は1978年に特許制度の準備を始め、1980年に国家特許管理局を設置した。1984年3月、全国人民代表大会常務委員会で特許法が可決、1985年4月1日に正式に発効した。1986年は数量限定で特許出願が受理・付与された。世界知的所有権機関（WIPO）のデータベースによると、1986年、中国の国家特許管理局へは8009件の特許出願しかなく、日本はその40.5倍、米国は16.1倍もあった。[3]しかし1986年から2007年の特許出願数は年平均17.7％で増加し、米国の6.5％を大幅に上回った。同時期、日本は1.1％、西欧は6.0％、ドイツは1.7％であった（表6-3）。このような新技術の開発力も、経済成長を促す大きな要因となっていると思われる。

　特許出願数の急増によって、技術革新における先進国との差

1　中国科学技術情報研究所『中国科学技術論文統計2009』。
2　『国家の科学技術中長期発展計画綱要（2006-2020）』。
3　WIPO『知的所有権統計2010』，www.wipo.int/ipstats/en/。

表6-3　五大国の国民特許出願数（1986 ～ 2007 年）

	1986	1996	2007	年平均 増加率 (%)
日本	316,162	376,674	396,291	1.1
中国	8,009	22,742	245,161	17.7
韓国	12,755	90,326	172,469	13.2
EU	41,342	64,035	140,763	6.0
ドイツ	43,114	51,833	60,922	1.7
米 / 中（倍）	151	9.3	1.9	

データ出所：世界知的所有権機関（WIPO）『2009 年 世界の特許』（ジュネーブ. p.17）

　も縮小した。1985年、日本は中国の67.6倍もあったが、2007年には2.4倍に縮小した。同時期の米国と比べても16倍から2.3倍と差を縮めた（表6-4参照）。2013年には、中国の特許出願数は82万件以上になり、日本と米国を上回った。中国は、1985年から2013年の30年間で特許出願数が世界一となり、2007年の特許付与数は世界第3位になった。[1]2020年までに特許付与数を世界の上位5位以内にするという目標は、すでに実現したことになる。

　この数年は、国際特許出願数も急増しており、世界に占める割合は、2004年の1.39%から2008年の3.7%に増加し、世界ランキングでは第5位となった。WIPOの事務局長、フランシス・ガリは、中国の国際特許出願数の急増は、中国の革新力が着実に高まっていることを示していると述べた。[2]2013年の国

1　中国が2007 年に授与した特許数は世界の8.9%を占め、日本、米国、韓国に次ぐ第4 位であった。WIPO, "World Intellectual Property Indicators 2009", Geneva, p.17.
2　Francis Gurry, "Message to the 2009 World Intellectual Property Right Day", Geneva：WIPO, 2009/3/30.

第6章 科学技術の革新

表6-4 世界に占める五大国の国民特許申請数の割合（1980～2013年）

単位：%

	1980	1985	1990	1995	2000	2005	2010	2013
中国	―	0.9	1.0	1.8	3.8	10.2	19.6	32.1
日本	33.2	32.5	36.2	35.2	30.5	25.1	17.3	12.8
ドイツ	5.7	4.8	3.9	4.4	4.5	3.5	3.0	2.5
イギリス	3.9	3.5	2.8	2.6	2.4	1.6	1.1	0.9
米国	12.4	12.5	17.2	21.8	21.5	22.9	24.6	22.3
日／中 （倍）	―	35.0	35.6	19.7	8.1	2.5	0.88	0.40
米／中 （倍）	―	13.5	16.9	12.2	5.7	2.3	1.26	0.69

データ出所：世界知的所有権機関（WIPO）データバンク

際特許数は日本が世界一であり、中国は世界の10.5％を占めて米国と並ぶ世界第2位となった。これは、1980年に制定された特許制度のおかげで、独自の科学技術能力が高くなったからだと思われる。中国の特許出願数の増加率が世界の増加率より多くなれば、中国が国際的な技術革新の中心を担う可能性が高くなる。現在、中国は技術の模倣国から技術の革新国に変わりつつあると言ってよいだろう。

　2008年6月5日、国務院は正式に国家の知的所有権戦略の綱要を発表した。綱要で設定された目標は、5年以内に特許付与数が世界のトップグループにはいること、中国の特許出願数の蓄積を増やすこと、世界でも有名なブランドを立ち上げること、GDPに占める知的所産権の輸出の割合を高めること、2020年には高水準の知的所産権の保有とその管理を実現することである。この目標が達成されれば、特許について米国や日本と同程度のレベルになれるだろう。

3．研究開発投資

　GDPに占める研究開発投資は1978年から減少している。改
革開放直後の割合は1.45％であったが、1995年に0.57％に低
下した。その後は、2000年に0.9％、2010年1.8％[1]、2014年
2.09％と増加した。GDPに占める国家財政収入の割合は、1978
年に31.1％であったが、1995年に10.3％に減少し、2000年
と2009年では逆に13.5％、20.4％に増加した。これは、GDP
に占める国家財政収入の割合と、GDPに占める研究開発投資
が密接に関連していたことを示している[2]。他国のGDPに占め
る研究開発投資の割合は、インドが2011年で0.88％、ブラジ
ルが2010年で1.16％、世界の平均は1.6％であった。経済協
力開発機構（OECD）加盟国の平均は2.2％で、開発途上国の
中では中国が一番高い[3]。さらに、その増加率も世界一で、1981
年から2004年にかけての研究開発投資の年平均増加率は9.9
％（2000年の国際ドル換算）で先進国よりも高く、1995年か
ら2009年の年平均増加率は21.7％にも達した。

　世界に占める中国の研究開発投資の割合は、1981年は2.1％
程度、1990年には1.7％と最低になったが、2010年は11.5％
に上昇した（表6-5参照）。1981年における米国との差は12.4
倍で、1990年は14.9倍に拡大したが、2010年には1.9倍に縮
小した。

　購買力平価ベースで研究開発投資を計算すると、世界に占め
る中国の割合が過小評価される。これは、経済協力開発機構
（OECD）加盟国より研究開発にかかる人件費が安いからであ

1　『中国統計摘要2007』，p.19, 202；『中国統計年鑑2010』，p.177；筆者の計算。
2　『中国統計摘要2010』，p. 19，70。
3　張春霖ら「中国：企業主体の革新」（World Bank，2009）。

第6章　科学技術の革新

表6-5　世界に占める五大国の研究開発投資の割合（1980 ～ 2010 年）

単位：％

	1980	1985	1990	1996	2000	2005	2010
中国	2.1	2.3	1.7	1.8	3.2	6.5	11.5
日本	9.0	10.0	11.5	10.7	9.8	9.8	7.6
ドイツ	6.9	6.2	6.0	5.5	5.4	5.1	4.9
イギリス	4.8	3.9	3.6	3.0	2.9	2.7	2.2
米国	26.0	27.1	25.1	25.5	26.8	25.1	22.1
米/中(倍)	12.4	11.8	14.9	14.1	3.8	3.8	1.9

データ出所：1980 ～ 2010 年は、世界銀行データバンク

る。

4．パソコン

　1980年代における中国のパソコン市場の占有率はないに等しく、1988年の中国と米国のパソコンユーザー数の差は180倍もあった。1990年に市場占有率は0.38％に上昇したが、米国のパソコンの普及率は中国の107倍もあった。[1]これは、中国が情報分野では後発国であったことを示している。しかし、1990年から中国のパソコンユーザー数は急増し、2004年にはイギリスとドイツを上回り世界第3位になった。2007年には日本も上回って米国に次ぐ世界第2位となり、米国との差も3.25倍に縮小した（表6-6参照）。

　中国は世界的なパソコン生産国にもなった。[2]2000年、中国のパソコン生産台数は672万台だったが、2009年には1億8200万台に増加した。世界に占める中国のパソコン輸出台数

1　World Bank,"World Development Indicators 2006".
2　『中国統計摘要2010』,p. 112,118,141。

表6-6　世界に占める五大国のパソコンユーザー数の割合
（1990 〜 2007 年）

単位：%

	1990	1995	2000	2004	2007
中国	0.38	1.17	4.45	6.31	7.41
日本	5.55	6.28	8.44	8.28	—
ドイツ	4.88	6.08	5.97	5.61	5.15
イギリス	4.65	4.91	4.36	4.35	4.72
米国	40.67	35.91	34.76	26.64	24.11
米/中(倍)	107.03	30.69	7.81	4.22	3.25

データ出所：世界銀行『世界の発展指標2006』,『世界の発展指標2009』

　の割合は、2000年で19.2％だったが、2005年には83.5％を占めた。また、2000年以降、中国のパソコン使用台数は急激に増加した。同年、都市における100戸当たりのパソコン保有台数は9.7台だったが、2008年には65.7台に激増した。農村でも2009年のパソコン保有台数は100戸当たり7.5台になり、1990年代末の都市部と同程度になった。これは、パソコン価格の下落と1人当たりの平均収入の増加によるものである。また、都市でも農村でも各種の学校でパソコンが使われるようになった。

5．インターネット

　中国がインターネットを導入したのは非常に遅かった。1990年、米国のインターネットユーザー数は中国の1515倍もあったが、1995年に412倍、2000年に5.5倍、2007年には1.06倍に縮小し、2013年には米国を上回った（表6-7参照）。

第6章　科学技術の革新

表6-7　世界に占める五大国のインターネットユーザー数の割合
（1990～2013年）

単位：％

	1990	1995	2000	2005	2010	2013
中国	0.05	0.13	5.43	10.84	22.71	22.88
日本	0.95	4.49	9.21	8.34	4.96	4.04
ドイツ	3.78	3.37	6.01	5.53	3.32	2.49
イギリス	1.89	2.47	3.82	4.12	2.64	2.12
米国	75.75	55.18	29.42	19.59	10.98	9.8
米／中（倍）	151.5	412.02	5.42	1.81	0.48	0.43

データ出所：世界銀行データバンク

　2000年、中国はブロードバンドを導入した。2001年、米国のブロードバンド人口は中国の37.7倍だったが、2009年、中国のブロードバンド人口は1億3600万人に達し、米国のブロードバンド人口1億1300万人を上回った[1]。これについて、イギリスのブロードバンド調査会社「Point Topic」の総裁、オリバー・ジョンソンは「中国の重要な到達点」と呼び「人類を宇宙に送り込むのも壮観だが、現代のハイテク経済を作り上げる上で、世界最大のブロードバンド市場を持つことはさらに重要だ」[2]と述べている。中国は、今後もブロードバンドをさらに発展させ、世界最大のネットワークを作るべきである。

1　『中国統計摘要2010』、p.161；米国連邦通信委員会（FCC）, "Internet Access Services", 2009/6/30, p.6.
2　Point Topic, http://point-topic.com/, 2008/10/3.

四、科学技術の革新国

　改革開放後、中国の科学技術力が30年以上安定して上昇してきたことは、高度経済成長の維持に大きく貢献した。科学技術力は世界第2位になり、米国との差も縮小している。

　中国は科学技術分野では世界に著しく遅れをとっていた。1956年、毛沢東は中国について次のように述べている。中国は「貧」と「白」しかない。「貧」とは、工業はないに等しく、農業も発達していないこと「白」とは、文化も科学技術も発達していないことである[1]。しかし、中国の未来に対して悲観はしていない。逆に「白紙に字を書くところだ」と、国家が「白」であるのを良しとしている。1964年、毛沢東は、科学技術を発達させると宣言し「4つの現代化」を目指した。しかし、その中の科学技術の現代化について、どのように実現していくかの具体的な方法は示されなかった。

　ただ、方向性はいくつか挙げていた。1962年「中国は、誰かの後ろを1歩ずつはって進むような古くさい技術発展はしない。先進技術を積極的に取り入れ、短期間で現代社会主義強国を建設する」と述べている。

　1966年に始まった「文化大革命」によって、この4つの現代化は停滞した。当時、党中央政治局委員だった江青は、現代化に対して偏見を持っており、現代化をすすめようとする周恩来と鄧小平をたびたび攻撃した。

　1974年、鄧小平は国務院副総理および国連総会第6期特別会議の中国代表団の団長として、ニューヨークとパリを訪問し

1　『毛沢東選集』第5巻, p.306。

た際、先進国との差を思い知った[1]。そこで、科学技術の現代化を最重要目標として、日本と同様に科学技術を学び、技術の導入による発展を提唱した[2]。

1985年、中国の科学技術力が世界に占める割合は1.26％しかなく、米国の21分の1、日本の13分の1であった（表6-8参照）。これは、両国が百年をかけて科学技術を発達させてきた結果であり、中国は、世界に取り残されていたのである。しかし、その後、30数年という短い期間で先進国との差を急速に縮小した。

1990年、中国の科学技術力が世界に占める割合は1.01％だった。特許制度が確立されてから、中国の科学者たちは国際協力に参与し、プロジェクトの中で交流を始めた。先進国ではIT革命が始まっていたが、当時の中国の民間企業はまだ技術

表6-8　五大国の科学技術力（1985-2013年）

	1985	1990	1995	2000	2005	2010	2011	2013
中国	1.26	1.01	1.33	3.84	8.36	17.04	18.85	19.34
日本	16.98	14.18	14.69	14.64	12.77	9.56	8.99	8.87
ドイツ	6.26	5.14	4.98	5.7	5.09	4.83	4.67	4.23
イギリス	5.51	4.14	4.05	4.18	3.73	3.54	3.36	3.11
米国	26.26	39.31	34.19	27.08	24.15	21.02	20.27	20.63
米／中（倍）	20.84	38.94	25.65	7.04	2.89	1.23	1.08	1.07
日／中（倍）	13.48	14.05	11.02	3.81	1.53	0.56	0.48	0.46

注：科学技術力は、国際科学技術論文数、特許申請数、研究開発投資、インターネットユーザー数に重み係数をかけて計算

1　鄧小平「知識と人材を重んじる」（『鄧小平選集』第2巻，p.40）。
2　鄧小平は「外国の先進的なものを学ぶ『模倣主義』を実行する。日本が急速に科学的な発展をしたのは『模倣主義』のおかげだ」と述べた。中央文献研究室編『鄧小平年譜（1975-1997）第1巻』（2004），p.236。

革新の中心を担っておらず、パソコン、携帯電話、インターネットの分野で大きく後れをとっていた。

1990年代初期、中国はインターネットや携帯電話等を導入した。製造業やサービス業の市場を開拓し、市場競争と個人のインターネット等による消費を促すことによって、先進国との差が大幅に縮小された。世界に占める中国の科学技術力は、2000年に3.84%で世界第5位、2005年には8.36%で第3位となった。2010年には日本を上回って米国に次ぐ第2位となり、2012年には19.34%にまで増加した。

五、科学技術力の原動力

中国は、なぜ30数年という短い期間で、科学技術力を高め、世界でもトップクラスにはいることができたのだろうか。それは、アジア経済全体が成長し、国内政治も安定していた中で、次の4つの要因が、互いに関連し合って発展してきたからである。すなわち、①経済と科学技術のグローバル化、②民間企業の発展、③政府の指導と普及、④高度経済成長の維持である。

1. 経済と科学技術のグローバル化

経済と科学技術のグローバル化により、海外の先進技術を導入して発展することが可能になった。これは、中国の科学技術が発展するための最大要因だった。つまり、後発国の優位性を十分に生かして、世界の科学技術の成果を利用することができたのである。

1985年、中国でも特許制度が制定されたが、その年に国民が登録した特許出願数は世界の0.9%に過ぎなかった。新技術

第6章　科学技術の革新

の開発力もなかったので、他国の特許技術を学んだりまねたりして、自国の社会に適応させていた。

その中でも、次の3つが最も重要な役目を果たしたと言える。

1つ目は、対外貿易によるハード技術、新製品や新技術、資本財の導入である[1]。中国は積極的に貿易自由化を推進し、関税も下げた。2003年には213種類のIT製品に対してゼロ関税を実施し、2005年には、すべてのIT製品の関税をゼロにし、ほとんどの技術製品に対する関税も下げた。こうして、ハイテクの導入が促進された。また、海外の特許権等のソフト技術も導入した。1997年におけるソフト技術の輸入総額は5.4億ドルで世界の0.9%を占め、2004年には45億ドルに達し世界の3.7%を占めた[2]。技術の導入は国内における新技術の開発を促進し、世界の技術競争に加わるようにもなった。この10数年間には、東アジアに生産ネットワークもできて、その貿易量も急増し、新知識や新技術が急速に普及した[3]。これに関しては、広東省東莞市を成功例として挙げられよう[4]。

2つ目は、FDI（海外直接投資）であり、これにより世界の先進技術を十分活用できるようになった[5]。国連貿易開発会議

---

1 李平は技術革新の輸入による影響を2つの段階に分けた。まず、国際貿易によって、各国間が技術を共有し、その製品を輸出できるようになったため、科学技術のレベルを上げることができた。次に、輸入が国内の市場占有率に影響を与え、間接的に科学技術の進歩にも影響した。李平「国際貿易と新技術開発」（『世界経済研究』第5号，2002）。

2 World Bank, "World Development Indicators 2006"；筆者の計算。

3 世界銀行によると、東アジアが占める貿易額は1990年の42%から2003年の54%に増加した。同時期の米国は37%から45%に増加した。Gill and Kharas, "An East Asian Renaissance"。

4 広東省東莞市は、1980年から2005年でGDPが144倍になり、成長率は22%に達した。世界銀行はこれを「経済成長、国際貿易、経済地理学の三大理論の新しい成功例」と呼んだ。世界銀行『世界発展報告2009：新しい世界経済地理』。

5 海外直接投資は、国内企業の自主的な研究開発を促進した。王紅領・李稲葵・馮俊新、「FDIと自主的な研究開発」（『経済研究』第2号，2006）。

139

のデータによると、1980年、中国へのFDIの流入はGDPの0.5％だったが、1995年には5.15％に増加した。その後、2000年は3.40％、2008年は1.24％に下がっている[1]。GDPに占めるハイテク製品の導入とFDIによる技術投資は、どちらも大幅に増加し、1991年は2％だったが、2000年に約8％、2008年には11.8％に増加した。その後、国際金融危機の影響で、2013年は7.12％に下がった（表6-9参照）。これらは、GDPに占める研究開発投資の割合（2.01％）をはるかに上回っており[2]、技術資金が主に海外からのものであることを示している。世界中の技術を利用することによって、科学技術力が大幅に高まったと言える。

　3つ目は特許である。2006年における国内の特許の割合は全体の30％程度だったが[3]、政府の奨励により、2013年には56.7％に上昇した。海外の特許も数量は増加したがその割合は下がった[4]。これは、国外の特許技術が中国へ移転され、中国独自の新技術の開発も促進されたということである。また、研究開発分野における重複や誤りが回避でき、知的所有権の保護も大幅に改善された。現在、特許技術は技術革新のための重要な要素になっている。

　中国は、新技術の開発ではまだ後発国だが、技術関連市場を開放すればトップレベルになれる可能性はある。例えば、20年前は情報通信技術で後発国だったが、市場の開放と新技術の導入等によって、先進国との差を縮小させることができた。

　海外文献引用索引（SCI）によると、2008年、海外の科学

1　『中国統計摘要 2014』，p.97。
2　『中国統計摘要 2015』，p.177。
3　「中国特許法」は、国際特許の有効期間を20年と定めている。
4　『中国科学技術統計年鑑 2014』，p.184。

表6-9　ハイテク製品輸入と中国へのFDI（1991～2013年）

	1991	1995	2000	2006	2010	2013
ハイテク製品輸入 （十億ドル）	—	21.83	52.51	247.30	412.66	558.19
GDPに占める割合 （%）	2.00	3.00	4.47	9.45	6.96	5.88
FDI （十億ドル）	4.37	37.52	40.72	69.47	105.73	117.59
GDPに占める割合 （%）	0.96	5.15	3.40	2.64	1.78	1.24
GDPに占める 割合の合計（%）	1.96	8.15	7.78	11.73	8.74	7.12

データ出所：『中国統計摘要2014』, p.20, 197。中国科学技術部『中国科学技術統計データ2014』, p.158

者と共著した論文数は全体の20.1％を占めた。共著の相手国の割合は、米国40.9％、日本12.0％、イギリス8.6％、カナダ7.8％、ドイツ7.7％、オーストラリア7.5％だった[1]。これは、国際的な協力もすすんでいることを示している。

2．民間企業の発展

　計画経済から市場経済への移行に伴い、企業が国に代わって革新的な科学研究機関としての中心的役割を担うようになった[2]。中でも重要な役割は、次の3つである。

1　中国科学技術情報研究所『中国の科学技術論文統計2009』, p.8-9。
2　商業部門は、投資、生産、特許出願において研究開発の中心となり、同時に自身の研究開発プロジェクトへの最大の投資者でもある。Schaaper, "Measuring China's Innovation System"。「党中央と国務院による科学技術進歩加速に関する決定」（1995/5/6）では「科学技術の進歩に対する市場メカニズムの推進作用を十分に発揮させる」とある。「党中央と国務院による技術革新強化でハイテクを発展させ産業化して実現することに関する決定」（1999/8/20）では「技術革新とそれによる商品化、産業化をすすめる上で、市場ニーズ、社会のニーズ、国家安全のニーズを研究開発の基本として、企業が新技術開発の主体になるようにする。また、科学技術資源の配分と科学技術活動の推進において、市場メカニズムを効果的に利用し、多くの科学技術を市場に取り込むことによって、さらに技術革新できるようにする」と一層明確になった。

1つ目は、企業が研究開発投資の中心になったことである。企業による研究開発投資額は増加しており（表6-10参照）、2000年の割合は60％だったが、2008年に73.3％、2013年には76.6％に増加した。[1]これらの投資によって、新技術の開発が促進されただけではなく、企業にとっても外部の知識を獲得し、それを活用してさらに発展できるようになった。[2]研究開発投資は、中企業と大企業が主であるが、小企業による投資も増加している。世界銀行によると、研究開発投資をする企業が急増したのは、その回収率が高いからだという。

2つ目は、企業が研究開発の中心になったことである。1995年、工業、鉱業系の企業による特許出願数は全体の10.8％だったが、2000年に32.8％、2008年に49.1％、2013年には

表6-10　中国の研究開発投資（2000～2013年）

単位：％

年	商業	大中企業	小企業	科学研究機関	大学・高等専門学校機関	その他
2000	60.0	60.0	－	28.8	8.6	2.6
2004	66.8	56.2	10.6	22.0	10.7	1.0
2007	72.3	56.9	15.3	18.5	8.5	0.7
2008	73.3	58.1	15.2	17.6	8.5	0.7
2009	73.2	55.3	17.9	17.2	8.1	1.5
2010	73.4	56.9	16.6	16.8	8.5	1.3
2011	75.7	57.9	17.8	15.0	7.9	1.3
2012	76.1	58.2	18.0	15.0	7.6	1.2
2013	76.6	56.9	19.7	15.0	7.2	1.1

データ出所：国家統計局『中国科学技術統計摘要2014』, p.9

1　『中国科学技術統計年鑑2014』, p.9。
2　P. Mueller, "Exploring the Knowledge Filter: How Entrepreneurship and University-Industry Relationships Drive Economic Growth", Research Policy 35, 2006, p.1499-508.

第 6 章　科学技術の革新

60.5％に増加した。GDPに占める技術取引の割合は、1995年は0.44％だったが、2008年に0.89％、2013年には1.27％に増加した。

　3つ目は、企業が研究開発の成果を必要とするようになったことである。1995年、技術取引市場の63.4％は企業によって供給され、2006年には85.4％、2013年には86.2％に上昇した。企業の需要は、2006年が83.9％、2013年が74.9％だった。

3．政府の指導と普及

　国際競争が激しくなるにつれ、科学技術力が国力を反映するようになってきた。中国の科学技術力は大幅に向上したが、それは市場経済を取り入れたからだけではない。政府が具体的な目標を設定し、その目標を実現してきたからである。中でも、以下の3つの政策が有効だったと思われる。

①明確な戦略を持ち、さらに段階的な目標を立てた

　国内外の発展傾向や社会の需要にもとづいた戦略を設定するため、全国科学技術会議を開き、明確な目標を立ててきた。1978年3月、第1回全国科学技術会議が開かれ、鄧小平が科学技術の現代化を四つの現代化の1つにすることを提案した。そして、対外開放による海外の先進技術の導入が必要だと説い

1　『中国科学技術統計年鑑 2014』、p.182。
2　『中国統計摘要 2014』、p.150。
3　『中国科学技術統計年鑑 2014』、p.213。
4　全米科学財団の分析によると、国家の科学技術競争力については、国家による技術発展のための国家戦略も含まれ、それは、社会、企業家精神、投資によい影響を及ぼす。中国の科学技術競争力は、指標面では社会や経済的下部構造、技術インフラ、生産力の指標より高く、これは、中国の科学技術の発展が国の発展のけん引役になっていることを示している。

143

た。1985年の第2回全国科学技術会議では、長期的な対外開放政策によって世界のトップレベルになることを目指した。1995年、第3回全国科学技術会議では、科学技術の発展を国家の発展戦略とした。

これらはすべて、国家の科学技術力を高めることによって経済発展していくことを政府に提案したものである。1999年の全国技術革新会議では、党中央、国務院による「技術革新の強化でハイテクを発展させ産業化を実現することに関する決定」等が採択された。2006年の第4回全国科学技術会議では、次の4つの案が出された。1つ目は、経済と社会を発展させるため、科学技術の進歩に最も力を入れること。2つ目は、独自の革新力によって産業再編と経済転換をし、国際競争力を強化すること。3つ目は、革新力のある国家を作り上げることを、主要な戦略目標にすること。そして、4つ目は、2020年までの科学技術の5大発展目標を設定することである。

この会議では、世界の科学技術発展の傾向と特徴を分析して発展戦略を立て、段階別の目標を具体的に設定し、重点地区と重点プロジェクトを選定した。

②新技術を開発しやすい政策をとった

安全な投資環境をつくり、マクロ経済を安定させた上で、積

1　全国科学大会開幕式における鄧小平の演説，1978/3/18（『鄧小平文選 第2巻』，p.86）。
2　「党中央による科学技術改革に関する決定」（『十二大重要文献選集 第2巻』，p.671）。
3　江沢民「科学教育による国家振興の戦略」（『江沢民選集 第1巻』，p.428）。
4　2020年までの目標は次の通り。研究開発投資をGDPの2.5％以上に増加させる。技術進歩への寄与度を60％以上にする。海外技術への依存度を30％以下に下げる。国内の特許付与量と国際論文被引用数が世界の上位5位にはいるようにする。

第6章　科学技術の革新

極的に新技術の開発をする雰囲気と、そのための政策を制定しやすい世論をつくった。

　1999年、党中央と国務院は「技術革新の強化でハイテク産業を発展、産業化を実現することに関する決定」を発表した。これは、財政支援、減税、科学技術者の管理、評価、奨励、知的所有権の管理等を実施し、科学技術の発展を政策的にバックアップするものである。2006年にも、国務院は中長期の科学技術発展プロジェクトを実施することを決めた。同年、中央経済工作会議は、知的所有権の管理を強化し、世界的に有名な中国ブランドを開発するよう呼びかけた。2008年、国務院は知的所有権を保護するプランを制定した。また、2013年までに、特許権に関して世界のけん引役となる、海外における中国の特許数を増やす、2020年までに、革新的で実用的な知的所有権を所有し、かつ、保護管理できるようにする、等の具体的な目標も立てた。2009年10月、新特許法が正式に制定され、世界の基準に合わせた新しい規範も取り入れた。また、外国人による特許出願と知的所有権の手続きも簡略化された。[1]

③非中央政府資金による研究開発投資を促した

　非中央政府資金による科学技術投資は、地方政府の投資等中央政府以外の投資を刺激することによって、科学技術の発展を推進するものである。1995年から2009年、中央政府の科学技術投資に対する地方の投資割合は著しく増加している。1995年、中央政府1.00元当たりの投資に対して地方の投資は0.40元だったが、2005年は0.65元、2008年には0.98元に増

1　The Economist,　2009/4/25.

145

加した。[1]

４．高度経済成長の持続

　高度経済成長によって、科学技術に対する需要と供給が生まれ、科学技術力が引き上げられた。また、科学技術力の引き上げが、経済発展をさらに促進し、この２つの相乗効果により中国の科学技術が大きく発展した。

　大国における研究開発には規模の効果が表れる。つまり、人口と市場の規模の効果によって、労働集約型、資本集約型、技術集約型、知識集約型（サービス）の産業を発展させることができる。例えば、科学技術設備等高価な製品のコストを下げることができ、また、新技術等の普及により投資効率を高めることができる。[2]中国では、新技術の開発が１つでもうまくいけば、規模の効果が生まれる。また、個人の見返りは社会の大きな見返りとなるのである。

　開発途上国でありながら、中国は急速な発展をしてきた。科学技術が大いに発展したことによって、経済成長も促進されたのである。

六、2020年の中国～革新型国家～

　2006年、政府は「2020年までに革新型国家を建設する」という目標を立て、科学技術発展に関する中長期計画を示した。最終目標は、中国の総合国力と国際競争力を高めることである。

1　『中国統計年鑑 2009』，表 7-6；『中国科学技術統計年鑑 2014』，p.15。
2　K. M. Murphy, A. Shleifer, and R. W. Vishny, "Industrialization and the Big Push", Journal of Political Economy 97, No.5, 1989. p.1003-1025.

146

第 6 章　科学技術の革新　147

これは、産業再編と資源節約型の環境にやさしい社会をつくる
ことが前提である[1]。このためには、資源と資本を投入するだ
けではなく、技術の進歩や革新によって全要素生産性を上げる
ことが必要である。

　そのための目標は以下の通りである。2020年までに、科学
技術を現代化し、世界最大の科学技術グループをつくりあげ
る[2]。科学技術従事者を、2012年の6960万人から1億6000万
人に増加させ、総人口に占める割合を9％から16％に増加さ
せる。GDP に占める研究開発投資の割合も2014年の2.09％
から2.5％以上に増加させ、経済成長への寄与度を経済協力開
発機構（OECD）加盟国の平均である2.2％より高くなるよう
にする[3]。さらに、科学技術の寄与度は2007年から2012年に
すでに52.2％に達しているが、これを60％に増加させる。特
許付与数と科学技術論文の被引用数は世界の上位5位以内を目
指す[4]。GDPに占めるハイテク産業の割合は、2008年の4.4％
から10％以上に増加させ、知識集約型のサービス産業は、
2007年の10.6％から15％以上にする。独自の知的財産権と付
加価値の高いハイテク産業の輸出量を増加させ、ハイテク産業、
製造業、デザイン業、研究開発等の輸出で競争力を高める[5]。

　2020年には、新たな研究の成果が表れ、その取引や応用が
増加し、国内技術市場の取引量もGDPの0.85％から2.5％以

1　胡錦涛「全国科学技術大会での講和」，2006 年。
2　中国の科学技術における人的資源は、2007 年に世界第 1 位になった。4200
　万人の科学技術従事者のうち、1800 万人は大学以上の教育を受けていた。『中
　国科学技術統計 2009』；馬凱『中国の国民経済と社会の発展のための第 11
　次 5 カ年計画綱要テキスト』（北京：北京科学技術出版社，2006），p.342。
3　Zhang and others，China.
4　『国家の科学技術発展のための中長期計画綱要（2006-2020）』。
5　2007 年、中国のハイテク製品輸出額は 3738 億ドルであり、輸出の 29％を
　占めた。これは、2006 年における米国のハイテク製品輸出額の 1.18 倍（3180
　億ドル）だった。『中国科学技術統計 2009』。

上を占めるだろう。また、情報産業が中心産業となり、さまざまな技術が広く利用され、全国がインターネットでつながる情報社会になるだろう。国民が最新の知識を利用できるようになることで、知識資本が蓄積された知識型社会となり、2050年にはさらに発展した国になるだろう。

中国の科学技術発展の長期目標は、世界最大の革新型社会と知識型社会を作りあげることである。この社会は、世界の知識と技術を最大限に活用し、知識、技術、情報、インフラへの投資も強化される。スケールメリットを最大限に生かし、国民の知識資本を増加させ、知識の分野でも先進国並みになることを目指す。

また、企業が中心となって新技術の開発ができるよう、研究機関や大学が協力しやすい体系を作る。さらに、知的所有権制度と技術標準を改善し、政府出資のインキュベーターや製品取引市場等、科学技術発展のための支援システムを作る。知識と技術を農村にも広め、農民も科学的な教養を高められるようにする。世界的に優秀な技術者、科学者、科学技術の指導者を育成し、海外の優秀な研究者や外国に留学している学生が、国内で活躍できるようにする[1]。

政府は、財政的な支援を通じて、基礎科学、最先端技術、社会福祉の研究を推進する。それは、人類学、哲学、社会科学の発展も促進し、理論の革新や、自然科学、哲学、社会学の一体化に役立つだろう。これらの発展によって国民の利益が高まれば、それは国全体の利益にもなる。

---

1 2009年、経済協力開発機構（OECD）加盟国の高度技能保持者のうち、70万人以上が中国人であり、その57％は米国在住だった。Schaaper, "Measuring China's Innovation System".

第6章　科学技術の革新　149

　世界の未来は中国にかかっている[1]。中国の21世紀の目標は、かつての羅針盤、火薬、製紙技術、印刷技術のような知識的な貢献をすることである。気候変動は最大の脅威ではあるが、技術革新がまねいた問題は、技術革新で解決するべきである[2]。中国は、世界でも科学技術の人的資本が豊富な国として、率先して緑色革命を展開し、世界と協力して気候変動の問題を解決していかなくてはならない。

1　Mike Wallace and Bill Adlor, "The Way We Will Be 50 Years from Today" の前書き、（北京：中国青年出版社，2009）。
2　Gurry, "Message to the 2009 World Intellectual Property Right Day".

149

第7章

気候変動と持続可能な発展

　中国の急速な発展により、国際的な力関係も大きく変化した。このため、中国は2つの厳しい現実に直面することになった。1つは、エネルギー安全保障と環境保護であり、もう1つは、気候変動の問題である。温暖化防止の世論はますます大きくなり、積極的に問題解決に取り組む国も増えてきた。気候変動は、中国の経済と社会の発展にとって最大の障害である。しかし、中国の学者は「責任はあるが、責任にも差がある」と考えている。すなわち「問題解決の責任はすべての国にあるが、温暖化を引き起こしてきたのは先進国であり、まずは先進国が率先して対策をとるべき」を原則としている。

　工業化の後発国だからこそ、先進国が犯した過ちを避けるべきで「低炭素経済」という新しい緑色発展をする必要がある。これは、発展を抑制するのではなく、発展方法を根本的に変えるということである。つまり、自然を浪費して発展するのではなく、自然と共存しながら発展していくのである。

　科学的に発展する方法をとれば、緑色発展は実現可能である。中国は世界最大のエネルギー消費国であるが、今後は、世界最大のエネルギー開発投資国になるだろう。これは、従来のエネルギーだけでなく、再生可能な資源の開発に対する投資も含んでいる。ただ、ここ数年は、温室効果ガス（GHG）排出量を減らすのはまだ難しいだろう。中国の発展には正と負の外部性がある。経済、貿易、特許権、投資における世界への貢献が正

151

の外部性、温室効果ガスの排出等が負の外部性である。今後は、負の外部性を何とかして減少させなくてはならない。

　本章では、中国が直面している気候変動の問題と、それに対する政府の政策や目標について解説し、さらに、緑色発展についての筆者の提案も述べる。

一、気候変動の問題

　世界は深刻な環境問題に直面しており、特に気候変動は、人類にとって最大の脅威である。国連の気候変動に関する政府間パネル（IPCC）は、国際的な専門家の研究を集約して評価し、気候変動の対策や効果等について科学的な基準を提供している。2007年の第4次評価報告書には、世界の気候変動は人類の活動によるものだと明記されている[1]。温室効果ガスは、長期にわたって蓄積されてきたため、短期間で解決することは不可能であり、今後さらに深刻になるだろう[2]。IPCC によると、21世紀末、世界の平均地表温度は1.1℃〜6.4℃高くなり、海面は18cm〜59cmそれぞれ高くなる可能性があるということである。また、中国は特に影響を受けるとされている。地球温暖化により、ヒマラヤ山脈の氷河は減り続け、温帯地域と乾燥地域は北上している。上海等の大都市は、深刻な熱波が増えている上、都市住民の急増によって問題はさらに深刻化している。

　氷河の縮小は、人類の発展にとって大きな脅威である。現在

1　報告全文は、IPCC オフィシャルサイトを参照，www.ipcc.ch。
2　二酸化炭素の温室効果は温室効果ガスの60%を占め、大気中に30〜3000年間とどまる。秦大河「気候変化と中国経済：持続可能な発展のために」（『広東研究フォーラム』，2007）。

第7章　気候変動と持続可能な発展

の氷河が融ける速さから計算すると、2056年、3分の2の氷河が融け、2100年にはすべて消失する。氷河はダムとしての機能もあるため、その縮小は水量の激減につながる。2億人以上の水源と農業用水を供給しているアジアの7大河川（ヤルツアンポ江、ガンジス川、怒江、黄河、インダス川、メコン川、長江）は、すべて氷河縮小の影響を受けるだろう。例えば、ヤルツアンポ江の水量は2050年までに14〜20%減少し[1]、中国西部の温度は1.0℃〜2.5℃上昇するだろうと専門家は予測している[2]。青蔵高原の4万5000以上の氷河は、毎年131.4km²という信じられない速さで縮小している。また、西北地区の氷河は、この50年で21%縮小し、チベットの永久凍土帯は、4m〜5mの厚さに減っている[3]。

　中国北部と西部は特に深刻である。農村貧困人口の半数がこの地区で生活しており、耕地面積は全体の約40%、生産額はGDPの3分の1を占めているからである。氷河が縮小すれば深刻な水不足が発生するだろう。

　中国は、国土の半分が乾燥地帯と半乾燥地帯であり、これらの地域は、まともに影響を受けるだろう。日本の年平均降水量は1000ミリもある。しかし、中国の湿潤地域は国土の3分の1しかない。年平均降水量は、南部の沿海地区では1600ミリ〜2000ミリ、長江流域とその南部は1000ミリあるが、東北部は400ミリ〜800ミリ、西北部はわずか100ミリ〜200ミリしかなく、25ミリ以下の地域さえある[4]。中国が受ける気候変

1　United Nations Development Programme「人類発展報告 2007/2008―気候変化への対応」。
2　Working Group III"Mitigation of Climate Change", IPCC Fourth Assessment Report.
3　国家発展改革委員会「気候変化に対する質疑応答 2007」。
4　『中国統計年鑑 2007』, p.4。

153

動の影響は日本よりはるかに大きいと言える。

　上海をはじめとする中国東部では、気候変動による災害が増加している。上海は、海抜が4mしかないため、もともと洪水、台風、高潮がよく発生しているが、最近は、海面の上昇による高潮が増加している[1]。また、災害が起きた場合は、浸水地区に住む農村からの出稼ぎ労働者が一番に被害を受けることになるだろう。

二、気候変動による最大の被害者

　中国は、気候変動に対応するための計画の中で、中国の特徴を、①気候条件が極めて悪い、②自然災害が深刻である、③生態システムがもろい、④石炭が主なエネルギーである、⑤人口が多いため経済水準が低い[2]、としている。中国は、世界最大の人口と国土を持つため、気候変動の影響を受けやすく、雨、干ばつ、雪、酷暑、極寒、暴風雨、吹雪、嵐、ひょう、熱波、竜巻等の気象災害がもともと多い。気候変動によって、農業、牧畜業、林業、水資源、生態系がさらに影響を受けている。

1. 昔からの自然災害

　中国の歴史は、自然災害の歴史でもある。周から清までの2000年間で、干害が1052件、水害が1029件、イナゴによる

1　海面上昇によって1億人が直接影響を受け、特に、太平洋地区の海抜が低い国家、バングラデシュの大部分および上海、ハンブルク、バンコク、ジャカルタ、ムンバイ、マニラ、ブエノスアイレス、ロンドン、ベニス等の大都市への影響が深刻である。A. Dupont and G. Pearman, "Heating up the Planet: Climate Change and Security", (Paper 12 Lowy Institute for International Policy, 2006).
2　国家発展改革委員会「気候変化対応に関する方案2007」。

154

農作物の被害が437件発生した。これらの災害が起こる確立は、長期的に見ると増加傾向にある。[1]

2. 気象災害

国際的な自立支援と人道的活動を行う団体、オックスファム香港の研究報告によると、1997年から2008年、気象災害による被災者は、年平均2億7800万人だった。[2]2015年には、45％増加し3億7500万人に達すると予想している。人命尊重のためにも、救済制度の改善が必要である。

1990年から2007年、中国の気象災害による被災者は、年平均1億7000万人で世界の52.4％を占めた。長期的に見てこの数は増加しており、世界における中国の被災者の割合は上昇していくだろう（表7-1参照）。

他の自然災害に比べると、気象災害の影響は広範囲に及ぶ。1990年から2008年に発生した世界10大自然災害では、水害と干ばつの被害が多く、その大部分が中国とインドで発生している。[3]中国における大きな災害は、1950年以後増え始め、1980年代から2000年初めは特に多かったが、これも気候変動の影響だろう。

3. 自然災害と農業被害

新中国の設立後、洪水と乾燥の影響を受けた地区が増加し続けている。洪水の被害を受けた面積は、1950年代は、年平均

---

1 蕭国亮『皇帝権力と中国の社会経済』（新華出版社，1991年版）。
2 Shamanthy Ganeshan and Wayne Diamond, "Forecasting the Numbers of People Affected Annually by Natural Disasters Up to 2015", 2009, www.oxfam.org/sites/www.oxfam.org/files/forecasting-disasters-2015.pdf.
3 EM-DAT，The OFDA/CRED International Disaster Database.

表7-1 中国において気候災害を受けた人口（1990～2007年）(a)

年	中国（百万人）	世界（百万人）	中国／世界（%）
1990	47.7	81.9	58.2
1991	214.3	281.3	76.2
1992	28.4	66.8	42.5
1993	8.5	171.0	5.0
1994	220.0	266.3	82.6
1995	147.5	220.0	67.0
1996	165.3	213.6	77.4
1997	14.3	68.7	20.8
1998	225.2	339.2	66.4
1999	125.9	269.1	46.8
2000	23.2	170.6	13.6
2001	39.3	98.9	39.7
2002	285.2	659.2	43.3
2003	214.8	250.8	85.6
2004	51.9	158.5	32.8
2005	83.0	153.7	54.0
2006	87.8	118.1	74.4
2007	120.0	210.0	57.2
平均	116.8	211.0	52.4

データ出所：Shamanthy Ganeshan and Wayne Diamond, "Forecasting the Numbers of People Affected Annually by Natural Disasters up to 2015", 2009, www.oxfam.org/sites/www.oxfam.org/files/forecasting-disasters-2015.pdf
注：(a) 気候災害とは、干ばつや極端な気温などの自然災害と、洪水や嵐などで人々が生活できなくなるものを含む。また、少なくとも下記の条件の中の一つに当てはまるものを指す。① 10人以上が死亡する　② 100人以上が影響を受ける　③非常事態が宣言される　④国際援助を求める必要がある

800万haだったが、1990年代には1200万haに増加し、現在はおよそ1000万haである。同時に、干ばつの影響を受けた地区も増加し続けており、現在は2300万haを上回っている。

1950年代、自然災害により400万トン近くの食糧が損害を
受けたが、これは10年間の食糧総生産量の2.1％に相当した
（表7-2参照）。1990年代に食糧生産量が激増したのは、生産
性が上がっているからだが、1950年代と同じ規模の自然災害
が起こるとその分被害は大きくなっている。中国は、世界最大
の穀類と食糧の生産国であり、自然災害が起こった場合、その
被害も最大になる。土地の生産性が上がることにより、自然災
害による影響も大きくなっているため、食糧生産量を減少させ
ないためには、災害防止に努めるしかない。今後は、災害を最
小限に食い止める研究が重要になっていくだろう。

4．自然災害と経済損失

　まず、自然災害による直接的な経済損失は増加している。
1991年から1995年は、年平均1360.5億元だったが「第11
次5カ年計画」（2006 ～ 2010）期に、3.6倍の4901.4億元に
増加した。

　次に、GDPに占める自然災害の損失の割合は低下し続けて

表 7-2　中国の自然災害による食糧減産量（1952 ～ 2006 年）(a)

	年平均食糧減産量 （万トン）	年平均食糧生産量 （万トン）	損失割合 (％) (b)
1952-1959	3.79 （1.52）	180.25 （14.37）	2.1 （0.80）
1960-1969	6.12 （1.71）	173.86 （25.97）	3.5 （1.0）
1970-1979	6.63 （3.56）	276.12 （28.97）	2.4 （1.3）
1980-1989	15.95 （3.52）	276.99 （32.54）	4.2 （0.9）
1990-2000	32.91 （6.41）	470.36 （29.03）	7.00(1.37)
2001-2006	34.04 （7.57）	465.23 （23.78）	7.38(1.91)

データ出所：中国国家統計局「中国統計年鑑」
注：(a) () 内は標準誤差。 (b) 食糧損失割合は正常な年度の生産高の30％で計算

表 7-3　自然災害による経済損失、GDP に占める割合、死亡者
（1990 ～ 2014 年）

	経済損失 （億元 / 年）	GDP に占める 経済損失の割合 （% / 年）	災害による 死亡者数（人 / 年）
1991-1995	1360.5	3.52	6,658
1996-2000	2374.4	2.8	4,395
2001-2005	1834.1	1.29	2,381
2006-2010	4901.4	1.63	20,762
2011-2014	4116	0.73	1,581

データ出所：中国国家統計局『中国災害報告 1994-1995』、p.403-407、中国国家統計局『国
民経済と社会発展統計公報』、計算は筆者による

いる。1991年から1995年は、年平均3.52％だったが「第11
次5カ年計画」（2006 ～ 2010）期に、1.63％に下がった。ただ、
2008年の四川大地震を除けば1.06％になる。経済損失額は
2008年に過去最大だったが、これも、四川省汶川で起きたマ
グニチュード8の大地震による損失845.1億元を含んでいる。[1]
2011年から2014年にはさらに0.73％まで下がった。

　また、自然災害による死亡者数も減少している。1991年か
ら1995年は、年平均6658人で「第10次5カ年計画」（2001
～ 2005）期に、2381人に減少した。「第11次5カ年計画」の
時期には、四川大地震によって2万人以上に増加したが、2008
年を除くと、年平均の死亡者数は3362人である。その後、
2011年から2014年には1581人に減少して、過去最低となっ
た。（表7-3参照）

1　中国国家統計局『国民経済社会発展の年度報告 2008』。

5．自然災害と貧困

中国の大多数の貧困人口は山岳地帯、黄土高地、または自然環境が極めて悪い、辺境で土地もやせている地区に住んでいる。これらの地区の、生態系破壊は深刻で生産量もきわめて低い。また、自然災害が頻繁に起こっており、伝染病の脅威もある。2005年時点で、これらの地区における傾斜25度以上の畑は、畑全体の67％以上であり、耕地面積の15.19％を占めている。ほかにも、灌漑していない土地が24.16％、灌漑する田を持たない家庭が34.13％、自然災害を受けたことのある村落は53.14％、生産量の半分以上の農業被害を受けた村落は14.19％、自然災害を受けたことのある貧困家庭は41.11％であった。[1]

このように、貧困人口の大部分が、生態系が不安定で外部の影響をまともに受けやすい地区に住んでいる。また、これらの地区では深刻な自然災害がたびたび発生しているため、気候変動への対応や自然災害の防止を難しくしている。

三、温室効果ガス排出大国

中国は、世界最大の工業国、世界最大の財貿易国であると同時に、世界最大の石炭消費国、世界最大の二酸化硫黄と二酸化炭素の排出国でもある。1990年に石炭生産と石炭消費で世界一になり、世界に占める割合は、2000年に、それぞれ28.3％と29.2％、2012年には50.2％と47.2％になった。[2]国際エネルギー機関（IEA）は、2010年、中国が米国を上回り世界最

---

1 Green Peace and Oxfam, "Climate Change and Poverty: A Case Study of China", 2009, www.oxfam.cn/userfiles/report/CC.poverty.report.pdf.
2 BP, "Statistical Review of World Energy", 2013.

大のエネルギー消費国、および世界最大の炭素排出国になっていると発表した。[1]当時、中国はこれを否定したが、世界的に非難の対象となった。[2]また、2000年から2008年、世界に占める中国のエネルギー消費量の増加は34%、石炭消費量は68%以上、二酸化炭素排出量は52%だった。中国は、世界最大の負の外部性を持つようになったのだ。

　グローバル化と国際的な分業によって、企業の多国籍化がアジアでも始まったため、中国のエネルギー消費率と排出率も高まった。また、中国の資源環境にも大きな圧力がかかるようになってきた。「世界のエネルギー展望2007〜中国とインド〜」によると、中国が再輸出したエネルギーは、約400MTOE（石油換算百万トン）であり、年間エネルギー消費量の約25%を占めた。中国のエネルギー輸入量は、171MTOEであり、当時のエネルギー需要の10%を占めた。中国の輸出に占めるエネルギーの割合も、他の国家より大幅に高かった。2001年、エネルギーの再輸出量に相当する二酸化炭素の排出量は4.3億トンに達し、二酸化炭素総排出量の26%を占めた。

　ティンダル気候変動研究センターの研究によると、2004年の世界に占める二酸化炭素排出量の割合は、中国の純輸出によるものが23%を占め、[3]その排出量は約1トンもあった。これは、同年における日本の総排出量、ドイツとオーストラリアの総排

1　国際エネルギー機関（IEA）, "China Overtakes the United States to Become World's Largest Energy Consumer", 2010, www.iea.org/index_info.asp?id=1479.

2　気候の変化は国際協力と中米協力戦略の重要なテーマである。オバマ米大統領によると、協力戦略は、気候の変化、エネルギー、世界金融危機、軍備抑制の4項目で、前2項目が最重要事項である。「中国青年報（ワシントン）」, 2009/7/22。

3　Tao Wang and Jim Watson, "Who owns China's Carbon Emissions?", Briefing 23, (Tyndall Centre for Climate Change Research, 2007). 以下も参照, http://tyndall.webap1.uea.ac.uk/publications/briefingnotes/bn23.pdf.

出量の合計、イギリスの総排出量の2倍にも相当する。これに
ついて、環境保護部の李麗萍氏、任勇氏、田春秀氏は、直接の
排出量しか見ておらず、生産過程で生じる排出量を見落としてい
ると指摘している。[1]つまり、輸出貿易による二酸化炭素排
出は、二酸化炭素排出強度の平均より少し低くなるのである。
そのため、この数字は、より全面的な投入産出モデルで検証す
る必要がある。

　中国のエネルギー再輸出による二酸化炭素排出量が増えたの
は、西欧、米国、日本の製造業によるエネルギー消費量と二酸
化炭素排出量が、中国に移転されたからである（表7-4参照）。
その結果、西欧、米国、日本における割合は下がり、中国やイ
ンド等の開発途上国の割合が上がったのである。

表7-4　世界に占める五大国の二酸化炭素排出量の割合（1960～2013年）(a)

	1960	1970	1980	1990	2005	2010	2013
中国	8.98	5.65	8.08	11.29	19.16	24.19	27.10
EU	15.87	15.09	13.59	10.96	14.82	12.75	11.20
米国	33.68	31.18	25.32	22.67	21.75	18.68	16.90
日本	2.74	4.96	4.71	4.76	4.55	4.00	4.00
ロシア	－	－	－	9.26(b)	5.74	5.00	4.90
インド	1.28	1.30	1.79	3.01	4.14	4.99	5.50
合計	－	－	－	－	70.16	69.61	69.60
EU/中	1.77	2.67	1.68	0.97	0.77	0.53	0.41
米/中	3.75	5.52	3.13	2.01	1.14	0.77	0.62

データ出所：世界銀行『世界の発展指標2006』．国際エネルギー機関（IEA）『世界のエ
ネルギー展望2007』．BP．"BP Statistical Review of World Energy 2014"．
注：(a) 二酸化炭素の排出抑制関連政策がない状況を仮定してEUは25カ国とした。；(b)
1992年のデータ

1　李麗平・任勇・田春秀「国際貿易から見た中国の二酸化炭素排出の責任につ
　いての分析」（『環境保護』第6号，2008）。

四、気候変動に対する中国の政策

　気候変動による問題が増えるにつれ、中国の気候に対する政策も大きく変化した。また、国家の発展戦略にも、エネルギー、環境保護、気象等に関する政策等が組み入れられた。

　中国は排出削減の目標を高く設定してきた。「第11次5カ年計画」では、GDP当たりのエネルギー消費量を20％下げ、1.22標準炭トンを0.97標準炭トンにすることを目標とした。これを達成するには、GDPが年平均10％で増加しても、エネルギー消費量を5.2％以下にする必要があった。これに対し、EUは2020年までに、1人当たりのエネルギー消費量を20％減らすとしただけであった。

　中国では、1人当たりのGDPに対するエネルギー消費量は減少しており、これは、エネルギーの利用効率がよくなったことを示している。1人当たりのGDPに対するエネルギー消費量は、第6次から第9次の各5カ年計画の間、それぞれ23.5％、11.9％、25.5％、34.3％減少した。しかし「第10次5カ年計画」では、エネルギー節約の目標を設定しなかったため8.5％増加してしまった。これは、指標を設定することの重要性を示している[1]。

　「第11次5カ年計画」で重要なのは、制約性指標を設定したことである。制約性指標とは、政府が責任を持って達成するべき目標である。中でも、大きな意義があったのは「すべての部門でエネルギー消費量を20％減らし、汚染物質排出量は10％減らす」とした上で「制約性指標は法的拘束力を持つ」と明記

1　Chatham House, "Changing Climates: Interdependencies on Energy and Climate Security for China and Europe", 2007, p.12.

されたことである。また、エネルギー消費量20%削減等の目
標を立てただけではなく、低炭素による経済発展をしていくと
政府が宣言した。これは、経済的な意味より、その政治的な意
味の方がはるかに大きいと言える。

「第11次5カ年計画」時、1人当たりのGDPに対するエネル
ギー消耗量は19.1%減少し、二酸化硫黄等主な汚染物質の排
出量と化学的酸素要求量も、それぞれ14.29%と12.45%減少
した。「第12次5カ年計画」時の4年間（2011～2014年）で
は、1人当たりのGDPに対するエネルギー消耗量は13.4%、
二酸化硫黄は16.6%減少し、主な汚染物質の排出量は8.6～
12.9%減少した。1人当たりのGDPに対する二酸化炭素排出
量は、2005年から2014年で33.8%減少し、一次エネルギー
に占める非化石エネルギー消費量の割合は11.2%に増加した。
これは、政府がエネルギー消費の削減と排出削減の制約性指標
を達成したということであり、緑色発展を目標とするだけでな
く、それを実行する能力があることを示している。高度経済成
長期が終わり、中程度の経済成長に変わっていけば、エネルギ
ー消費量、石炭消費量、二酸化炭素排出量も少なくなるはずで
ある。2030年、二酸化炭素排出量はピークとなり、その後は
減少していくだろう。

中国のエネルギー構造は、石炭が中心であり、非鉱物エネル
ギーとクリーンエネルギーはわずかである。ただ、再生可能エ
ネルギーは急増している。2000年から2014年で4.15倍に増
加、年平均増加率は10.7%であり、エネルギー消費量に占め
る割合も7.3%から11.2%に増加した（表7-5参照）。また、原
子力発電、風力発電、太陽光発電による発電量も増加しており、
2005年と2014年の発電量を比較すると、それぞれ2.9倍の

表 7-5　中国の再生可能エネルギー消費量（1990 ～ 2014 年）

項目	1990	2000	2003	2008	2014
再生可能エネルギー消費量（万トン）（標準炭）	6,350	11,504	18,344	25,059	47,712
再生可能エネルギー消費量の割合（%）	5.1	7.3	7.4	8.4	11.2
米国の再生可能エネルギー消費量の割合（%）	5.1	4.4	4.2	―	―

データ出所：OECD/IEA『2005 年世界の再生可能エネルギー情報』、『中国統計摘要 2015』、p.71

1988万kw、90倍の9581万kw、400倍の2805万kwに増加した。また、バイオマス発電も開発がすすんでいる。その目標は、石炭消費量と火力発電を減らすことである。2009年、エネルギー消費量に占める石炭の割合は70.4%だったが、2014年には64.2%に下がり、発電量に占める火力発電の割合は73.43%だった。エネルギー消費量に占める水力発電、風力発電、原子力発電、天然ガス等のクリーンエネルギーの割合は、2010年の13.0%から2014年の16.9%に増加した。今後は、製品当たりのエネルギー消費量を減らし、それによって、国家のエネルギー消費基準と市場参入基準を高めること、エネルギーの純輸出量、および、それに相当する炭素排出量も減らす方法を講ずることが必要である。

　森林は二酸化炭素を最も経済的に吸収する。1㎡当たりの森林は1.38トンの二酸化炭素を吸収し、1.62トンの酸素を排出する。また、1haの森林が1トンの二酸化炭素を吸収するコス

第7章　気候変動と持続可能な発展

トは122元であるという[1]。

　森林が増加すれば、二酸化炭素の吸収力が高まり、二酸化炭素排出量の減少にもつながる。中国林業局のデータによると、1999年から2013年、中国の森林資源は急増した。森林被覆率は18.21％から21.63％、森林面積は1.75億haから2.07億ha、森林蓄積量は124億m^3から151億m^3に増加した。これらの森林が吸収する二酸化炭素量は84億トンで、その生態機能の価値は2兆ドル以上になる[2]。世界の持続的可能な発展のため、森林は生態的に大きく貢献することができるだろう。

五、気候変動への対応

　政府は、気候変動問題が発展の大きな妨げになると考え、気候変動に対する長期戦略と温室効果ガス（GHG）を減少させるための具体的な目標を立てた。

　その基本路線は「同じ世界で、同じ夢を持ち、同じ行動をする」である。「同じ世界」とは、世界がひとつになることであり「同じ夢」は緑色、つまり環境に配慮した世界を目指すこと「同じ行動」は、二酸化炭素の排出削減を指す。世界が共通の認識を持ち、共通の原則にのっとって行動しなければ、気候変動の問題は解決できない。二酸化炭素排出の削減は発展目標の一部と考えるべきなのである。

1．二酸化炭素排出の削減

　国際的な協力が得られるとすれば、人間開発指数で国家を4

1　Wang Zheng「気候変動に対する混合型措置」（『科学時報』，2007/4/25）。
2　『中国国土緑化状況2014』，2015/3/12。

165

つに分類し、その分類ごとに二酸化炭素排出の削減目標を設定するという方法が考えられる。例えば、先進国、特に高位の人間開発指数の国は無条件で、また、中位の人間開発指数の国は条件付きで二酸化炭素排出を削減する努力をする。排出量の多い上位20位までの国は、中国とインドを除けば、人間開発指数が高い国が多い。方法はいろいろ考えられるが、世界が協力することが最も重要である。

また、各国が、世界が1つであることを原点として、機会あるごとに気候問題について呼びかけるべきである。中国も、気候問題に関する国際的な交渉に積極的に参加し「第12次5カ年計画」で定めた気候問題に関する政策に真剣に取り組むべきである。国全体および地区ごとの明確な目標を持ち、中国が積極的に二酸化炭素排出の削減をすれば、他の国にも緑色発展を促すことができるだろう。

2020年には、中国の1人当たりのGDPは世界の平均的水準になり、人間開発指数は高位国に当たる0.76になるだろう。これは中国独自の発展の特徴でもあり、1人当たりの平均収入は先進国に及ばないが、実際の生活水準は高めであるということである。これが実現できれば、二酸化炭素排出の削減にも役立つはずである。

二酸化炭素排出の削減について、中国は矛盾する問題を持っている。1つは、温室効果ガスの世界最大の排出国であるため、排出削減について責任があること、もう1つは、インドをはじめとする途上国の感情を害したくないため、先頭に立って途上国に対して排出削減を要求したくないことである。一方で、中国は先進国に二酸化炭素の排出を40%減らすよう強く要求し

ている。中国は世界最大の汚染排出国であり、2030年には、中国の温室効果ガス排出量は128億トンに達し、世界の30.5％を占めるだろう。温室効果ガス排出量が多いことは、国際的なソフトパワーにおいて最大の弱点にもなる。そのために必要なのは、自律的な二酸化炭素排出の抑制であり、自国の発展だけを追い求めるべきではないのである。

　中国の学者の中には、世界の気候変動は、途上国ではなく先進国の問題だと考える者もいる。しかし、気候変動の影響を最も受けやすいことを考えると、これは中国にとっても深刻な問題である。中国の10億人以上の国民が最大の被害者になりうるのである。先進国の排出削減は強制的なものとし、開発途上国も多国籍間協議等で排出削減をしていくべきである。中国の1人当たりの排出量は先進国よりはるかに低いが、主要排出国が協力して二酸化炭素排出を減らしていくべきだ。中国にとって、これは最大の外圧でもあり、矛盾を抱える難題でもあるが、これをチャンスと考え、中国がその先導をとるべきである。米国はすでに二酸化炭素排出の削減で世界をリードしている[2]。次に責任を担うべきは中国であろう。

　2014年11月、習近平主席とオバマ大統領は、温室効果ガス

1　関連の科学者協会のデータによると、2006年における中国の温室効果ガスの排出量は60億トンになり、米国の59億トンを上回った。中国の1人当たり温室効果ガス排出量は4.6トン、米国は19.8トンで中国の4.3倍である。中国の二酸化炭素排出量は、1990年の22億トンから2005年の51億トンに増加した。年平均増加率は5.6％に達し、世界に占める割合も10〜19％に増加した。国際エネルギー機関は、2015年までに、中国の二酸化炭素排出量は年平均5.4％増加して86億トン以上になると予測した。また、2015〜2020年に二酸化炭素排出量の増加率が下がったとしても、その排出量は89億トンに達し、世界における二酸化炭素排出の増加量の52％を占める可能性があるという。

2　米国のエネルギー省長官Steve Chuは、中米両国が温室効果ガスを積極的に削減すれば、世界的に削減することができると考えた。Global Times, 2009/7/16.

排出削減についての共同声明を出した。これは、中国の総エネルギー消費量に占める非化石エネルギー消費量の割合を20%に引き上げ、二酸化炭素排出量を2030年以降は減少させること、米国は、二酸化炭素排出量を減らすことで合意したものである。両国が二酸化炭素排出の削減を宣言したことは、気候変動問題の解決の大きな第一歩となるだろう。両国が共通した目標を持って共に努力していくことを願っている。

２．気候変動の政策目標

　中国は、人類発展のための利益を出発点とし、世界の緑色発展に関わるだけでなく、他の国家の緑色発展を指導する責任も持つべきである。気候変動問題に対する2030年までの中国の目標は以下の5つである。

①エネルギーの節約

　GDP当たりのエネルギー消費量を、5年ごとに16〜20%下げ、2006年から2020年で累計45〜50%減らし、2030年までに累計70〜80%減らす。

②二酸化炭素排出の削減

　GDP当たりの二酸化炭素排出量を、5年ごとに17〜20%下げ、2006年から2020年で累計45〜50%減らし、2030年までに累計65〜70%削減する。

③主な汚染物質排出の削減

　主な汚染物質排出量を、5年ごとに8〜10%下げ、2006年から2020年で累計25〜30%減らし、2030年までに累計45

第7章　気候変動と持続可能な発展

〜55％減らす。

④非化石のエネルギー消費量の割合を増加させる

　2020年までに、エネルギー消費量に占める非化石エネルギーの割合を15％以上にし、2030年には20％以上にする。また、クリーンエネルギー市場を開発し、風力エネルギーと太陽エネルギーについては、世界最大の市場を目指し、新エネルギー技術の輸出国になる。

⑤森林とその蓄積量を増加させる

　2030年までに、森林の蓄積量を2005年より45億㎥〜50億㎥増加させる。また、東北、北部、西北部から東南部の沿海地区に、世界最大の炭素吸収森林帯を造成する。

3．気候変動に関連する他の政策

　上記の目標以外にも、さらに以下の11項目の政策と措置を実施するべきである。

　①政府は、工業の構造改革によって、GDPに占める工業の付加価値の割合を下げるべきである。現在、中国の単位当たり工業付加価値のエネルギー消費量は世界最大である。例えば、2008年、工業生産額はGDPの42.9％を占め、工業のエネルギー消費量は全体の74％を占めた[1]。工業のエネルギー消費量はGDP単位当たりエネルギー消費量の1.67倍、サービス業付

1　2008年、工業のエネルギー使用量は2兆5495億kwで、全体の73.9％を占めた。張国宝『中国エネルギー発展報告2009』（北京：経済出版社, 2009）, p.94。

169

加価値の単位当たりエネルギー消費量の4.91倍であった[1]。単位当たり工業付加価値の汚染物質排出量も世界的に高水準である。2006年、世界に占める工場廃水の排出量は44.7%、工業の化学的酸素要求量は37.9%、工業の窒素酸化物の排出量は30%、工業の二酸化硫黄排出量は86.3%、工業による煙と粉じんの排出量は79.4%だった[2]。鋼鉄業、建築材料業、非金属鉱業、化学工業、石油化学製造業に対して、厳格な排出制限や禁止をする必要がある。そして、工業のエネルギー消費量、炭素排出量、資本使用量を下げなくてはならない[3]。さらに、労働集約型産業、ハイテク産業、新技術産業、現代的サービス業のような情報、知識、労働集約型の産業に特に力を入れるべきである。

②政府はエネルギー政策によって、高品質で再生可能なエネルギーの割合を高め、高炭素エネルギーの割合を下げるべきである。なぜなら、中国は石炭を主なエネルギー源としているため、世界一の汚染排出国となっているからだ。さらに、社会的に大きな負の外部性とその対策のための費用も発生している[4]。1996年から2001年、政府はエネルギーの需要が下がったことをきっかけに、初めて工業汚染防止のための措置を講じた。その結果、エネルギー総消費量のうち石炭が占める割合は70

---

1 『中国統計摘要2009』，p.21，146をもとに筆者が計算。
2 『中国環境統計年鑑2007』，p.4-5。
3 「エネルギーを食う企業」とは、工業製品当たりのエネルギー消費量が1.5倍の企業を指す。列挙した企業の総付加価値は全体の5分の1であるが、そのエネルギー消費量は全体の3分の2を占める。国際エネルギー機関、"World Energy Outlook 2007".
4 天則経済研究所は、2007年の石炭価格と生産レベルから計算すると、石炭の使用による経済の直接損失は1兆7903億元に達し、同年のGDPの7.3%を占めると指摘している。天則経済研究所『石炭コストと価格および外部コストの内在化』（北京：2009）。

％以下に減少した。2001年以降に需要が再び急増したが、今後のエネルギーの消費構造と工業政策の重要性を説くことで石炭業界をけん制した。2014年の石炭消費量の割合は66％だったが、強制的な指標を定めること等によって60％以下に減らしていくべきである。[1] また、クリーンコールの利用割合を高める必要もある。[2]

③エネルギー利用効率を高めるべきである。2010年と2020年のエネルギー消費削減の目標を実現するためには、次の2つの政策を厳格に実行する必要がある。1つは、エネルギー消費の多い工業製品の単位当たりエネルギー消費量を下げることを強制とすること、もう1つは、製品の単位当たりエネルギー消費量の基準を作り、それを市場参入の条件とすることである。エネルギーを大量に消費する遅れた技術や設備は淘汰していかなければならない。

④エネルギー価格を改革する政策が必要である。これは、石炭と電力の価格統制を解除し、独占状態の電力等の産業については政府指導価格を適用する。ほかにも、石油と天然ガスの価格構造を改善して国際市場価格に近づけるようにしたり、石油の卸売業と小売業に対する統制も解除したりすることで、市場競争を促す必要がある。

1　2005年、国務院は小規模炭坑を整理するための3年計画を発表した。しかし、2008年までに廃坑となったのは1054で全体の7.5％に過ぎなかった。生産能力が低く、石炭生産量が年4000万トン以上の炭坑で廃坑となったのは1.6％だった。

2　2002〜2007年、硫黄分を除去して発電する火力発電所の発電量は270万kw以上になり、全体の50％を占めた。そのため、煤煙と二酸化硫黄の排出量を大幅に下げることができた。張国宝『中国エネルギー発展報告2009』, p.35.

⑤国家は環境税を徴収するべきである。二酸化炭素、二酸化硫黄の排出に対してはもちろん、関連製品の輸出入についても細則で定めるべきである。この税金の目的は、石炭等の外部コストを内在化すること等で、石炭や電力関連企業がよりクリーンな技術を使うよう強制することにもなる。

⑥技術開発によって科学的にエネルギーの消費と排出物の削減をすすめる。新技術の導入を奨励し、効率的に二酸化炭素排出コストを削減する。知的所有権の保護も必要で、例えば農業、工業、建築、節水、環境保護等の分野で、気候変動に対応する実用的な技術を開発し、その技術に適した規格と基準を設定する。[1]

⑦人間開発指数の違いによって、地域に見合った政策をとるべきである。人口の30%が居住する沿岸部の8省と自治区は、人間開発指数の高位地区であるため、2015年までに、二酸化炭素排出量を2010年より10%削減することを強制とする。また、主体機能区として、以下の目標も設定する。
・工業構造を最適化する。
・経済に占める重工業の割合を下げる。
・サービス業の割合を高める。例えば、2013年、北京のサービス業の付加価値は総生産額の76.9%を占め、これが他の地域と比べてエネルギー消費量が一番少ない要因となっている。

1　姜克寯は、再生可能エネルギー、先進的な原子力、燃料電池、先進的なクリーンコールおよびその保存方法、先進的なガスタービン、非在来的な天然ガスや原油の生産、合成燃料、超低燃費で排気ガスゼロの交通機関の8つを主な科学技術とした。姜克寯「中国エネルギー供給と温室効果ガスの排出」（楊潔勉『気候問題の外交と中国の対応』，北京：時事出版社，2009）。

・エネルギーの消費効率を高める。

・国内外の質の高いエネルギー、クリーンエネルギー、新エネルギーの利用率を高める。

・二酸化炭素の消費割合を大幅に下げる。

・地域単位で二酸化炭素排出量を削減する。

　残りの70%の人口が居住している23省と自治区は、人間開発指数の中位地区なので「第12次5カ年の計画」にもとづき、条件付きで二酸化炭素排出を削減させる。この条件は、二酸化炭素排出量の全国平均や人間開発指数の高位地区と比較して設定する。

　⑧林地、草地、湿地、水面といった環境にやさしい生態面積を拡大し、また、森林産業も発展させる。

　⑨緑色投資を増加させ、新しい緑色貿易を積極的に拡大する。中国はエネルギーの最大投資国である。国際エネルギー機関が2007年に出した予測によると、2006年から2030年、中国はエネルギー分野に3兆7000億ドルを投資するとしている。これは電力部門への投資の4分の3に相当し[1]、世界の総投資額16兆ドルの23%を占めることになる。2008年11月以降、国家エネルギー部門は、3つの原子力発電プロジェクト、10台の100万kw級の火力発電ユニットプロジェクト（投資予定額1200億元）、第2西気東輸パイプライン（新疆ホルゴスから寧夏中衛を経て広東広州に至る総延長8704kmのパイプライン）の東部区間（中衛〜広東広州、5300km）の建設を始めた（投

1　国際エネルギー機関（IEA）, "World Energy Outlook 2007:China and India Insights".

資予定額3000億元）[1]。米国エネルギー省の予測によると、中国のクリーンエネルギーの市場価値は、2010年で1860億ドル、2020年は5550億ドルに達するという[2]。

⑩緑色貿易で発展する。エネルギー消耗型の製品や高炭素製品を制限し、これらに助成はしない[3]。

⑪国際協力を強化する。世界が、気候変動に対して評価をしたり、解決策を模索したりしているが、中国がリーダーシップをとるべきである[4]。中国が率先して二酸化炭素排出量を削減すれば、それが開発途上国の手本となり、難行している気候変動交渉の突破口になるはずである。また、気候変動に関する国際連合枠組条約を受け入れ、世界の新エネルギー開発に積極的に協力し、国際的な技術移転機関を作るための研究開発資金を提供する。

鄧小平は「次世代は私たちよりも賢いはずだから、よりよい方法で問題を解決していくだろう」と述べた[5]。中国の新世代の指導者は、大先輩たちより創造力が豊かなはずなのだから、二酸化炭素排出を削減すると宣言すべきだ。相対的な減少（GDP単位当たりの二酸化炭素排出量の削減）から絶対的な減少（二酸化炭素排出量の削減）へ、また、受動的な減少から積極的な減少へというように、まず自らが削減し、次に他国が削減する

1　張国宝『中国エネルギー発展報告2009』、p.283-284。
2　Global Times，2009/7/16.
3　2001年と2004年における中国のエネルギー純輸出量が総エネルギー消費量に占める割合は、それぞれ18％と28％である。二酸化炭素排出量は約11億トンで，温室効果ガス排出総量の23％を占めた。黄海峰・高農農「産業構造の調整による環境保護」（『環境保護』第6号，2009）。
4　中国は発展途上国のため、国情にもとづいて独自の温室効果ガス排出削減の措置をとっており「京都議定書」等の制約を受けない。
5　鄧小平は1978年10月22～29日に日本を訪問中，魚釣島（中国名は釣魚島）紛争の問題について記者の質問に答えたことがある。

ための資金や技術の提供をする。中国は、世界の長期的な発展のため、科学的に緑色発展する道を選ぶべきである。これが、世界の持続的発展に対する中国の貢献である。

第8章
中国の発展目標と戦略

　これからは、中国の現代社会主義における第3段階の目標を実現するための重要な10年である。これは1987年に鄧小平が提唱した「三段階論」戦略の最後の1歩である。

　第1段階（1981 ～ 1990年）は、国民総生産GNPを倍増させ、基本的な衣食の問題を解決することであった。第2段階（1991 ～ 2000年）は、GNPをさらに倍増させて1万ドルにし、1人当たりのGNPを800ドルから1000ドルにすることであった。第3段階（2001 ～ 2050年）は、2050年までに1人当たりのGDPを4000ドル程度に引き上げて中所得国レベルになり、基本的な現代化を実現することである。第3段階は、中国独自の社会主義の発展が最も進み、豊かになっていく期間である。全面的な小康社会と調和のとれた社会主義社会を建設するためには、科学的に発展していくという基本路線を堅持しなければならない。そのためには「第11次5カ年計画」をもとにして、国情に立脚しながら世界にも目を向け、この段階の発展目標を慎重に設定する必要がある。

一、目標のための基本原則

　2020年までの国民経済と社会の発展目標の基本原則は、①人を基本とする科学的発展　②現代的な社会主義の発展　③ミレニアム発展目標　④中国の長期発展目標の4つである。

177

1．人を基本とする科学的発展

「人を基本とする」科学的発展を原則として、発展段階と国情を考慮し、持続可能で調和のとれた国民経済の発展と、社会の全面的な進歩を目標とする。「人を基本とする」は、次の3つを意味する。1つ目は、国が責任を持って国民の権利を守ることである。つまり「中華人民共和国憲法」第2章で定める国民の基本的権利を保障することである。これは、民主的な選挙の権利、自由な権利、就業の権利、教育を受ける権利、社会保障の権利、全面的に発展する権利等を含む。2つ目は、国民1人1人が安定した利益を得られることである。3つ目は、国民を主体として、全面的な小康社会と調和のとれた社会を目指すことである。つまり、国民1人1人が参加し、それぞれが責任を持って役割を果たし、互いに分かち合って発展していく社会である。

2．現代社会主義の発展

中国独自の現代社会主義の定義は、次の3つである。

①現代化の要素を取り入れながら、中程度の発展を目指す。特に、教育、科学技術、情報、インフラの4つを優先して現代的な社会を建設する。

②社会主義を堅持しながら、さらに成熟させ中程度に発展させる。

③中国文化を適切に活用・発展させながら、世界の平和、発展、協力に大きな影響を与えるような中国独自の社会主義を建設する。

中国独自の現代社会主義は、旧ソ連や東欧等の社会主義とは異なる。中国は、一方では、対外開放をすすめ、相手を受け入

第 8 章　中国の発展目標と戦略

れて共存し、近代的な市場経済、民主と法治、人権と自由を受け入れながら、中国独自の現代社会主義を作りあげてきた。また、もう一方では、中国の特色、文化等を世界に広めている。つまり、鄧小平の「小康のレベル」、江沢民の「小康社会」、胡錦涛の「調和のとれた社会」「平和的な発展」、習近平主席の「4つの全面化」が、中国独自の現代社会主義だと言える。

二、2020年社会主義の現代化[1]

全面的な小康社会を建設するために、中国の現状や発展段階等をもとにして、2020年までに達成すべき国民経済と社会の発展についての目標を提唱する。

1．経済成長と産業構造の目標

経済成長と産業構造の主な目標は以下の7つである。

①工業化の実現[2]

今後、GDP成長率を7％程度で維持できれば、2020年におけるGDPは、2000年の5.5倍になる。これは、党第16期代表大会で設定したGDPを4倍にするという目標と、党第17期代表大会で設定した1人当たりのGDPを4倍にするという目標が

1　この節は主に筆者の著書にもとづく。胡鞍鋼『2020中国：全面的な小康社会の建設』（北京：清華大学出版社，2007）。

2　2002年党第16期代表大会における曾培炎の演説。「中国の基本的な工業化の達成は、中国の現代化に重要な役割を果たす。つまり、2020年までにGDPを2000年の4倍にすれば、都市化も著しくすすみ、農業従事者の割合も大幅に下がり、工業技術レベルとサービス業の割合は上がる。2020年には、中国の1人当たりのGDPは3000ドル以上も可能で、これは中所得国と同程度になる。また、都市化率は50％以上になり、農業従事者の割合は2000年の半分から30％くらいになる」。曾培炎『十六大報告読本』（北京：人民出版社，2002），p.79。

179

実現できることを意味する。

②経済の安定

経済の「急激な変化」だけでなく「小さな変化」も防止しなくてはならない。そのためには、物価を安定させ、財政収支と国際収支をバランスよく保つ必要がある。

③新しい工業化

情報化と工業化を融合させながら発展させ[1]、産業構造を合理化し、従来の産業を再編する。また、環境に配慮した製造業を発展させる。政府は、ハイテク、高付加価値の産業の発展を促進し、全産業に占めるサービス業の割合、および、その就業割合を高める。

④十分な雇用の確保

豊富な労働力を活用し、就業人口を適度に増加させる。非農業従事者の割合を75％以上にし、失業率を自然失業率である5％前後にする[2]。

⑤都市化の進展

数億人の農村人口が生活し発展できる場を提供し、都市化率を60％以上にする。

---

1 曾培炎は以下のように述べている。「どのような工業化をするかが重要である。情報化と工業化を融合させ、情報化で工業化を促進し、工業化で情報化を促進することで、科学技術と経済効率を高め、資源の消費と環境汚染を減らし、豊富な人的資源を十分に活用できるような新しい工業化をするべきである」。曾培炎『十六大報告読本』（北京：人民出版社，2002），p.81。
2 十分な雇用とは100％の雇用ではなく、実際の失業率が自然失業率より低いことである。中国における自然失業率は5％である。胡鞍鋼『就業と発展：中国の失業問題と雇用戦略』（瀋陽：遼寧人民出版社，1998），p.34-35。

第8章　中国の発展目標と戦略

⑥社会主義的な市場経済体制

　開放的な競争市場システムを全国に広める。特に人口と労働力が自由に移動できるようにし、分業をすすめて労働生産性が上がるようにする。優位なところから補い合って、互いに利益がある地区同士が協力し、共に発展できるような構造を作りあげる。

⑦競争力のある経済体系

　対外開放をさらにすすめ、地域的、多角的な自由貿易区を積極的に推進し、発展空間を拡大する。輸出は世界一を維持し、サービス貿易や対外投資についても上位国を目指す。

２．共に豊かになる目標

　「富民」とは、10数億人の国民が豊かになることで、これは全面的な小康社会を建設するために、最も重要な目標である。この目標は、大きく5つに分けることができる。

①人間開発指数の引き上げ

　人間開発指数を、高位である0.77以上とし、世界ランキングも高める。2013年の人間開発指数は0.72であり、世界の平均0.70を上回っている。2013年、最高位国の平均は0.90で、中国の世界ランキングは177カ国中91位であるが、2020年までに、それぞれ0.88、63位くらいに引き上げる[1]。中国が全面的な小康社会建設を実現することは、人間の能力を世界的に向上させることにもなる。

1　胡鞍鋼「中国の発展傾向と長期目標」（『世情報告』第5号，2006）。

②国民1人当たりの所得の引き上げ

国民1人当たりの所得を高めて世界ランキングを上げ、高所得国になれるようにする。為替レート換算法によると、中国の1人当たり総国民所得（GNI）は、2014年で7600ドルだったが、2020年に1万3500ドル以上に増加させる。また、2014年の214カ国中96位から、2020年までに60位くらいに引き上げる[1]。さらに、都市と農村のエンゲル係数を30％以上減少させる。

③絶対貧困層の解消

農村における絶対貧困層、つまり、年収2300元以下の7000万人の貧困層をなくす。都市と農村をカバーする最低生活保障制度をつくる。慈善事業、寄付、国民同士の助け合い、ボランティア等を奨励する。

④国民全体の健康の改善

国民全体の健康を改善する。平均寿命は、2015年の76歳から2020年には77歳に延ばす。5歳以下の子供の死亡率は、2013年の12‰から2020年には7‰以下にする。妊婦死亡率は、2013年は10万分の23.2だったが、2020年には10万分の15以下にする。エイズ発病率と他の伝染病を抑制する。農村住民が基本的な保健衛生サービスを受けられるよう保障し、2020年には、農村における水道と衛生的なトイレの普及率を90％以上とし、3億人以上の農村人口の飲料水の安全性を確保す

1　国家統計局，主な指標における中国の世界ランキング『中国統計年鑑2006』，（北京：中国統計出版社，2006），付録2-6。

る[1]。また、保健衛生と基本的な医療への投資をGDPの7%程度に引き上げる[2]。

⑤格差の縮小

都市と農村間、地域間の経済発展における格差をさらに縮小する。

3．教育の目標

まず、基本的な教育の現代化を実現する。教育に関する支出を増やし、GDPに占める割合を、2013年の4.3%から2020年には5.0～5.5%に引き上げる。12年制義務教育が普及するよう地方政府を奨励し、高校入学率を、2014年の86.4%から2020年には91.5%以上にする。

中等職業教育の規模を拡大し[3]、高等教育入学率は、2014年の37.5%から2020年には43%以上にし[4]、そのうち、短大以上の高等教育人口を、2014年の1億5000万人から2020年には2億人以上に増やす。15歳以上の平均教育年数は10～11年以上、労働者に占める高等教育を受けた者の割合を48～56%

1　飲用水が安全基準に達していないとは、フッ素含有量の高い水、ヒ素含有量の高い水、海水、住血吸虫等の伝染病発生地区の水、微生物が規定以上に含まれる水を指し、基準に達している水が極端に不足している地区を指す。馬凱『中国の国民経済と社会の発展のための第11次5カ年計画綱要テキスト』（北京：北京科学技術出版社，2006），p.517。

2　2000年における中位の人間開発指数の国の平均は6.9%である。United Nations Development Programme：『2003年人類発展報告：ミレニアム発展目標：絶対貧困をなくす』（中国語版，北京：中国財政経済出版社，2003，p.103）。

3　「第10次五カ年計画」では、2010年の中等職業学校の入学人数を800万にする目標を立てた。「第11次5カ年計画」の頃には、2500万人の中等職業学校の卒業生がいるはずである。馬凱『中国の国民経済と社会の発展のための第11次5カ年計画綱要テキスト』，p.515。

4　2005年における短期大学在学生は約2400万人で、ネット入学比率は21%である。2020年には4000万人に達する見込みである。『中国統計摘要2006』，p.189。

に引き上げ、そのうち、短大以上の割合を20～24%に増やす。

　高等教育に関する目標は米国である。高等教育に在籍している人数では中国は米国を上回っており、大学院生と博士候補生も近いうちに米国を上回るだろう。中国が米国より劣っているのは質である。今後は、名門と呼ばれるような大学を設立し、質の高い専門的な人材を育成することで米国との差を縮小する。教育体制を改革し、教育への投資を増やすことで、大学の国際的な知名度を高め、世界的にも一流と呼ばれる学科をつくり、国際的に優秀な人材や起業家を育成、輩出する。

4. 科学技術現代化の目標

　世界で最大規模の科学技術グループ、各分野の人材グループをつくり[1]、2020年までに、関係する分野の人材を1億1000万人から1億8000万人に増やし、就業人口に占める割合も14～20%に引き上げる。R&D（企業等の研究開発活動）投資を増やし、GDPに占める割合を2020年には2.5%以上にする。科学技術において世界のトップレベルになり、世界の特許申請増加量に対する寄与率を60%以上とする。また、特許数と国際的な科学技術論文の被引用数は世界第1位か第2位を目指す。

　GDPに占めるハイテク産業の割合を10%以上に引き上げ、独自の技術力、知的財産権、付加価値の高いハイテク製品の輸出割合を高め、世界最大、かつ競争力のあるハイテク製品の生産、製造、設計、研究開発、輸出製品の生産ができるような拠

1　中国は科学技術関係の人材数で世界のトップレベルにあり、3200万人の技術者と100万人の研究開発従事者がいる。「人民日報」, 2006/10/20。2004年には、6000万人になるだろう（公務員、企業の管理者、専門技術者を含む）。馬凱, 『中国の国民経済と社会の発展のための第11次5カ年計画綱要テキスト』, p.515。

点を作る。[1]また、科学技術の成果の普及、応用、取引によって国内の技術市場を拡大し、GDPに占める取引額の割合を2014年の1.35%から、2020年には2.5%以上に引き上げる。

　中国の目標は、2020年までに名実共に世界の科学技術強国になることである。科学技術については先発国との差を縮めており、1985年から2013年における中国と米国の科学技術力の差は20.8倍だったが、2015年には1.07倍に縮小した。今後の目標は、科学技術を向上させ、多くの科学技術分野で米国並みになることである。

5．持続可能な発展の目標
　2020年までの持続可能な発展の目標は、次の3つである。

①資源節約型の社会
　単位生産当たりの消費エネルギーを半減させる。水の使用量は基本的に増加させないようにし、特に、農業用水の割合を下げる。[2]農業用水の利用効率を20%以上、灌漑用水の有効利用係数を2014年の0.53から0.55に引き上げる。

②環境にやさしい社会
　GDPに占める環境保護に関する投資の割合を2013年の1.67%から2.5%以上に増やし、化学的酸素要求量や、アンモニア窒素、大気中の窒素酸化物等、主な汚染物質排出量を減らす。森林カバー率は23%にし、立木の蓄積も増やす。国土に占め

1　中国の2006年におけるハイテク製品輸出額は2815億ドルで、輸出額全体の29%を占めた。これは、同時期の米国の1.3倍であり、中国は世界最大のハイテク製品輸出国になった。
2　2000年、農業用水は全体の68.8%を占めていたが、2013年には63.2%に下がった。「給水用水の情況」,『中国統計年鑑2014』。

る自然保護区の面積も増加させる。

③災害の防止と被災者の救済

自然災害は避けられないが、災害をできるだけ防止すれば、GDPの減少を防ぎ、国民の福利を向上させることができる。セーフティネット（網の目のように救済策を張ることで、全体に対して安全や安心を提供するための仕組み）を強化し、応急処置や救急に対応できる体制を作り、全国民を対象とした災害保険制度を制定する。[1]

6. 調和のとれた安定した社会の目標

①社会保障システム

2020年までに、広範囲をカバーする社会保障システムを作りあげる。都市部の医療保険、基本的な養老保険のカバー率を、戸籍を持たないものも含めて95％以上にし、農村の医療保険のカバー率は100％にする。

②安全な社会

労働紛争は0.5‰、刑事事件の発生率は0.6‰、治安案件の発生率は0.8‰以下に抑える。国は公共の安全を強化する。具体的には、災害の防止、生産における安全基準を厳しくする、GDP当たりの生産事故の死亡率を下げる、国民の飲食と薬品の安全を保障する、国家の安全と社会の安定を保つ、突発的な事件に対する非常時体制の確立等である。

1　王名「中国の自然災害保障：経験と教訓」（北京師範大学での報告，2010）。

③文化的な社会

　国民全体が文化的で倫理観を持ち、全体の調和がとれた文化的な社会を作りあげる。

７．民主と法治の目標

①健全で民主的な社会主義体制

　全国人民代表大会の体制の改革と改善、共産党指導下の多党合作制と政治協商制の改善、愛国精神の強化、民族や地域の自治制度の改善、都市と農村の末端組織の民主的な管理、民主的な監督により、政府の行動の透明化を図る。

②法治体系の改善

　社会主義的な法治体系を改善し、独自の法治体系と透明性のある政治体系を確立する。

８．現代社会主義国家の目標

　強大な現代社会主義国家の建設には、次の４つの目標の実現が必要である。

①世界の経済大国

　為替レート換算法による中国のGDP世界ランキングは2010年は２位だったが、2020年には世界一を目指す。購買力平価ベース（1990年の国際ドル換算）では2014年に世界一となったので、今後はその割合をさらに高めていく（表8-1参照）。

②国際競争力の強化

　国際競争力において世界のトップグループにはいる。具体的には、現在の30位代から2020年には上位15位以内を目指す。

表 8-1　中国の主な経済指標（1978 ～ 2020 年）

指標	1978	1990	2000	2005	2010	2020
GDP（為替レート換算法）（米ドル）						
順位	10	11	6	4	2	1 (2013)
世界に占める割合 (%)	1.7	1.8	3.6	4.9	9.1	20 以上
GDP（購買力平価ベース）（1990 年の国際ドル換算）						
順位	4	3	2	2	2	1
世界に占める割合 (%)	4.9	7.8	11.8	15	18	22
貿易額						
順位	29	16	8	3	2	1
世界に占める割合 (%)	0.9	1.7	3.6	6.7	9.7	15 以上
外貨準備高の順位	40	7	2	2	1	1
科学技術力の順位	—	—	5	3	2	1
総合国力（八大国家戦略資源と 25 項目の指標から計算）						
順位	—	3	2	2	2	1
世界に占める割合 (%)	—	5.64	7.5	10.5	13.84	20 以上

データ出所：『中国統計年鑑 2007』、世界銀行、『世界の発展指標 2006』。
アンガス・マディソン，1-2008 年 世界人口、GDP、1 人当たりの GDP の統計データベース（www.ggdc.net/maddison）
世界貿易機構，各年度の「世界貿易データ」、中国科学技術部，『科学技術統計データ2010』
胡鞍鋼、熊義志、「中国 1980-2004 年の科学技術力の分析」（『国情報告』第 22 期，2006 年 6 月）、胡鞍鋼，王業華，『国情と発展 2005 年版』（清華大学出版社），p.17、計算は筆者による

そのためには、各企業がコア技術を確保して世界的なブランド力を持てるようにする必要がある。世界500強企業（売上高ランキング500社）のうち、中国企業は2014年の92社から2020年には140社を目指す。

③軍隊の強化

　強大かつ現代的な軍隊によって国家の安全と統一を守り、台湾が分裂しないようにする。

④総合国力の強化

　世界に占める中国の総合国力の割合を増加させ、2013年の16.6％から2020年には20％以上にする。

　2020年までの中国の発展目標は「経済成長、富民、科学技術と教育、持続可能な発展、調和がとれた安定的な社会、民主的な法治、強国」である[1]。この7つは、1980年における現代化のための目標でもあった。これは、人を基本とした発展とも言える。例えば、貧困の減少、健康の改善、環境の保護等は、社会の発展に直接つながり、人の能力向上にも役立つ。教育、訓練、技能、衛生、医療、基礎研究開発、インフラ、社会保障等への投資は、生産性を高め、それが新しい生産力の開発につながる。

三、総括

　中国が2020年に大国になることができるかどうかは、まだ分からない。なぜなら、国内外の両方で問題が起こり得るからである。指導者は、中国と世界の関係を正確に判断する必要があり、また、国内の問題も解決できるよう努力しなくてはならない。それによって、中国の現代的な発展が可能となる。

1　「党中央の社会主義和諧社会構築についての若干の重大問題に対する決定」、2006/10/11。党第16期中央委員会第6回全体会議で採択。

1. 2020年における海外の問題

　現在、世界経済は金融危機を乗り越えたが、不安定な要素は
まだあり、経済面で脆弱な部分では引き続き悪化する可能性が
ある。中国は世界とのつながりが強くなり、互いに及ぼす影響
も大きくなった。中国と米国の関係も変化し、世界経済における
る中国の地位も上がった。

　現在、中国は自然資源の消費量と温室効果ガス排出量が多く、
石炭の消費量と二酸化硫黄の排出量、二酸化炭素の排出量は世
界最大である。また、米国に代わり、世界最大のエネルギー消
費国にもなった。インドを除く世界各国が、汚染物質を大量に
排出する中国を非難している。2050年までに二酸化炭素排出
量を削減することについて中国は消極的だが、米国は二酸化炭
素排出量を減らすと宣言した。このため、中国に対する外圧は
さらに大きくなるだろう。

　2008年の金融危機後、世界経済は回復し始めたが、元に戻
るには、まだ相当な時間が必要だろう。先進国は、消費を減ら
して貯蓄率を高めているが、中期的には消費と投資を少しずつ
増やし、バランスシートの借金を減らす必要があるだろう。多
くの国家が公然と、あるいは、ひそかに貿易を保護しており、
これが、短期的にはグローバル化を妨げている。金融危機以降、
先進国は輸入を削減したため、世界の貿易依存度は下がってお
り、中国は輸出で深刻な影響を受けて生産過剰となっている。
生産過剰については、今までは貿易黒字が多かったので問題に
されなかったが、現在、世界各国が従来の貿易不均衡を解消し
つつあるため、輸出に過度に依存する中国の経済成長モデルは
長く続かないだろう。また、貿易摩擦も年々増加している。

　現在、世界的に不確定リスクが増加しており、これは国内の

第8章　中国の発展目標と戦略　191

貿易リスクにもつながるだろう。従来の経済発展モデルや地縁
政治（近隣地域を基礎とする国際関係）も有効とは言えなくな
っており、商品市場と金融市場も安定せず、保護貿易主義の高
まりによる貿易摩擦も深刻になってきている。また、大国同士
では依存と競争が共存している。

　中国の発展は、海外のエネルギーと自然資源への依存を強め
ている。1993年には石油の純輸出国から純輸入国になり、外
部依存率は、2007年に50％、2014年には61.6％に達し、今
後も増加が見込まれる。また、国内で不足している自然資源は、
海外の資源に頼らざるを得ない。1995年には製品輸入の増加
に伴って農産物の純輸入国にもなった。2013年、中国の農産
物純輸入額は510億ドルだったが、今後もさらに増加するだろ
う。

2．2020年における国内の問題

　高度経済成長が今後も続けば、中国はまもなく上位の中所得
国から高所得国になるだろう。今後は「中所得国の罠」にはま
らないことが重要である。マクロ経済、社会、政治を安定させ、
中所得国から高所得国にスムーズに移行する必要がある。

　長期的に所得が均等に分配されないと「中所得国の罠」には
まるという。中国では、国民総所得に占める家庭収入の割合は
著しく低い。1978年から1982年、国民総所得に占める家庭
収入の割合は62.8％と急速に増加した。これは、経済成長が
国民の利益に直結していたことを意味する。しかし、1982年
がピークで、2007年には1978年より低い44.5％に減少して
しまった。これは、所得の増加が経済成長より低かったことを
意味する。つまり、経済成長が所得の増加につながらなかった

191

のである。さらに、家計間の所得格差は拡大し、第1次所得配分における雇用者報酬の割合は下がり、階層や集団による所得格差も拡大した。都市と農村の中でも同様に所得分配の不均等が起きている。この格差をなくすには、時間とそのための努力がさらに必要である。

　また、収入が低い段階で少子高齢化が始まっていることも問題である。急速な少子高齢化が始まるのは、日本より20年ほど遅く、生産年齢人口の減少は、日本より30年ほど遅くなるだろう。しかし、中国と日本の最大の違いは、日本は十分豊かになった後に少子高齢化を迎えたが、中国は豊かになる過程で少子高齢化を迎えることだ。このままでは、経済の発展方向を変えざるを得なくなり、経済成長も鈍化するだろう。このため、長期的な発展のためには、人口問題の解決が必須である。

　改革開放初期、経済の急激な発展によって深刻な環境汚染を招き、1985年に環境汚染はピークに達した。そこで、1995年から産業構造の調整と環境保護を重視した低炭素による緑色発展を目指している。「第10次5カ年計画」期は、工業生産への依存による深刻な環境汚染が発生したが「第11次5カ年計画」によって、環境汚染を抑制し、主な汚染物質の排出量も大幅に減少した。持続可能な発展のためには、今後も「第11次5カ年計画」の路線を堅持し、緑色発展をさらにすすめる必要がある。中国は、生態系を破壊しながら都市化と工業化を急速にすすめてきた。このことが、草原退化、砂漠化、植生の破壊、土壌の腐食、塩類化や汚染、生物多様性の流失等を引き起こして

1　人口から見た発展の指標は出生率である。持続可能な発展のためには、出生率は2.0くらいであるべきで、1.8以下や2.1以上では持続可能な発展はできないだろう。

いる。生態系を犠牲にした経済発展を続ける限り、人と自然の間の溝は深まるばかりである。

　国内外で不安定な要素はまだあるが、全体的に見れば、中国の経済発展にとって依然として有利である。現在の中国の経済、科学技術、政治、安全、国内外の環境等は、平和的に発展する絶好のチャンスと言える。また、気候の変動、生態系の保護、地域の安全、テロリズム等、日増しに深刻になる問題については、世界が協力して取り組むことが重要になっていくだろう。

　また、中国の長期発展計画は、他の国と共に発展していけるものにする必要がある。そうすれば、世界が一体となって問題解決に立ち向かうことができるはずである。

　中国の急速な発展によって、世界の力関係が変化し、世界における中国の地位も上がった。これは、中国が貿易と投資を自由化し、経済のグローバル化と一体化に積極的に協力したからである。また、これまでは西洋文化が主流だったが、今後は、多種多様な文化や価値観が評価されるようになるだろう。

3．中国の夢に思う

　中国の夢とは何か。毛沢東は50年前に、21世紀に中国は全人類に対して貢献をするべきだと言い、胡錦涛は、さらに貢献をするべきだと述べた。現在、中国は総合国力をはじめ、さまざまな面で力をつけてきた。では、中国は世界にどのような貢献ができるのだろうか。

　経済、貿易、貧困については、すでに大きな貢献をしている。今後は、さらに次の4つの分野でも貢献できるのではないだろうか。それは、人類の発展、科学技術、緑色革命、文化の伝承である。これらは、国内的にも国際的にも意義があると思われ

る。中国は現在、世界的でも最大のステークホルダーの1つであり、現在の発展方法が、開発途上国だけではなく先進国の利益とも一致しているかを考慮する必要がある。これだけは、道義からいっても必要不可欠である。世界は1つであり、互いに助け合うことが最良の方法だろう。世界がウィン−ウィンの時代にはいることを願っている。

第9章

中国はどのように米国を追い越すか：
総合国力の視点から（1990～2013）

一、背景の研究～中米関係と実力の変化～[1]

2013年3月19日、習近平主席は、アメリカ大統領の特使、ジェイコブ・ルー財務長官と会見した際「共に努力して中米協力関係を作り上げ、新しい大国関係への道を踏み出そう」と述べ、全世界の注目を集めた。これは、中国と米国関係が変化したことを示している。

中国と米国関係が根本的に変化したのは、両国の総合国力の変化が原因である。中国の発展は、米国の国家情報会議（NIC）による2004年、2008年、2012年の予測だけでなく、筆者らによる総合国力の予測（胡鞍鋼，扉洪華，2002、胡鞍鋼，王亜華，2005）も大幅に上回った。今後の中国を予測するには、中国と米国の総合国力について、定量分析、動態分析、追跡調査等が必要だろう。

本章では大まかな総合国力を分析するため、数量化、比較、検証ができる指標を選択し、1990年から2013年の20年間における中国と米国の八大国家戦略資源と世界に占める総合国力の割合を計算した。この結果、中国と米国の総合国力の差に大

---

1 「中米の新しい大国関係」という研究課題は、2014年第24期の『国情報告』をもとにしており、データは2014年9月17日に筆者が更新したものである。協力者は、鄭雲峰、高宇寧。

図9-1　世界に占める主要国の総合国力（2005，2025年）

単位：％

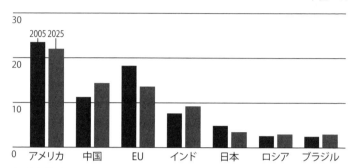

データ出所：National Intelligence Council, "Global Trends 2025: A Transformed World", 2008

きな変化があったことが分かった。1990年の総合国力では、米国と中国の差（米国／中国で求める）は4.32倍だったが、2013年には0.98倍となった。つまり、中国の総合国力が世界一になったのである。さらに、米国との関係において、中国の戦略の優位性が明らかになり、主動権も大きくなったことが分かる。

二、米国による中米の総合国力に対する評価

　2004年12月、米国の国家情報会議が、今後の世界を予測した「グローバル・トレンド2020」を発表し、2020年までに中国のGDPは米国を除く西側諸国のGDPを上回ると予測した。[1] 2008年11月の「グローバル・トレンド2025」では、総合国力をGDP、軍事費、人口、技術の4つの戦略資源として世界

---

[1] National Intelligence Council, 2004."Mapping the Global Future", http://www.foia.cia.gov/2020/202/.pdf.

第9章　中国はどのように米国を追い越すか

に占める割合を算出した。これによると、世界に占める米国の総合国力は、2005年には世界の25％を占めていたが、2025年には22％に下がり、中国は2005年の11％から2025年の14％に上がるとされている（図9-1参照）。これは、米国の総合国力が中国の2.27倍から1.57倍に縮小することを意味する。しかし、この予測は修正する必要がある。なぜなら、この予測では2025年までに中国が世界第2位の経済大国になるとあるが、実際には、2010年にすでに世界第2位の経済大国になっているからだ。つまり、この予測は15年遅れているのである。

　2012年12月に発表された「グローバル・トレンド2030」では、総合国力が専門的に計算された。これは、GDP（購買力平価ベース）、貿易額、海外直接投資、対外援助、人的資本、政府の財政収入、研究開発費、インターネットと通信技術、軍事費、エネルギー使用量、核兵器の11項目から成る。同報告書では、2030年には、米国が総合国力で世界の20％近くを、中国は15％を占めると予測している。これは、2030年においても米国が世界一ということである[1]。

　われわれの研究では、この報告書は偏差が大きく、誤った判断もあると思われる。つまり、米国を過大評価し、中国を過小評価しているのだ。このため、ほかの方法による研究が必要と考え、総合的に分析でき、しかも、数量化、比較、検証ができる方法を考えてみた。

1　The Nationnal Intelligence Council, "Global Trends 2030:Alternative World", December 2012, NIC 2012-001；www.dni.gov/nic/global-trends.

表9-1　国家戦略資源とその主な指標

	重み係数	指標	指標の重み係数
1. 経済資源	0.2	GDP （購買力平価ベース、国際ドル換算）	1
2. 人的資源	0.1	生産年齢人口×平均教育年数 （15-64歳）	1
3. 自然資源	0.1	商業エネルギー使用量	0.33
		農地面積	0.33
		水資源	0.33
4. 資本資源	0.1	国内投資総額 （為替レート換算法、米ドル）	0.4
		株式市場時価 （為替レート換算法、米ドル）	0.3
		純国外直接投資 （為替レート換算法、米ドル）	0.3
5. 知識技術資源	0.2	インターネットユーザー数	0.25
		国民特許申請数	0.25
		科学技術論文発表数	0.25
		科学技術研究開発投資額 （購買力平価ベース、国際ドル換算）	0.25
6. 政府資源	0.1	財政支出額 （購買力平価ベース、国際ドル換算）	1
7. 軍事資源	0.1	軍人数	0.4
		軍事費 （購買力平価ベース、国際ドル換算）	0.6
8. 国際資源	0.1	輸出額（為替レート換算法、米ドル、サービス業含む）	0.5
		輸入額（為替レート換算法、米ドル、サービス業含む）	0.5

データ出所：筆者作成

三、筆者による総合国力の分析と評価

　総合国力の分析とは、国家のある一面だけを分析するのではなく、さまざまな能力を全体的に評価したものである。数量化でき、かつ、全体的な評価ができるような総合国力の分析のため、2002年に筆者らは国家の戦略資源の概念（胡鞍鋼, 扉洪華, 2002）を提案した。これは、国家が目標実現のために利用できる実際の資源と潜在資源を指しており、世界の資源を利用できる能力も反映したものである。

　総合国力は国家の戦略資源の総合評価でもあり、戦略資源は国家が目標実現のために調達し利用できるものである。つまり、総合国力とは国家の総合的な戦略資源からなり、戦略資源とは国家の戦略のための資源を指す。以下は、筆者らの考える国家の戦略資源をもとにして総合国力を分析、比較することにより、中国の総合国力を評価したものである。

　本章では、国家の戦略資源を目に見える8つの戦略資源に重点を置いた。すなわち、経済的資源、人的資源、自然資源、資本資源、知識技術資源、政府資源、軍事資源、国際資源であり、資源ごとにそれぞれ指標を選定した。そして、世界銀行のデータを中心に17項目の指標を数量化し、その合計を総合国力とした（表9-1参照）。

　8つの戦略資源と指標との関連は以下のようになる。

　経済的資源とはGDPを指し、評価する方法は2つある。1つは為替レート換算法であるが、これは開発途上国の経済力が過小評価される傾向があり、先進国はその逆になる。もう1つは購買力平価による方法で（王玲, 2000）、世界銀行と国連の推進する国際比較項目（ICP）も使うようになったため、世界で

も一般的な方法になったと言える。

　人的資源（人的資本）は経済成長に決定的な作用を果たすと考えられており、特に教育の効果が大きいとされている。なぜなら、教育年数と技術は比例するため、教育年数が長いほど労働生産性も高まり、経済成長を促進するからである。開発途上国は先進国が開発した新技術を導入でき、人的資本も豊富なので、導入した技術を幅広く活用することができるという（Barro&Lee、2000）。人的資源は、生産年齢人口と呼ばれる15歳から64歳の人口と、15歳以上の人口の平均教育年数を掛けあわせたものである。国全体の人的資源を表すデータは、米国のハーバード大学のBarroとLeeの「世界教育データバンク」(2010)[1]と中国の国勢調査を使った。

　自然資源とは、主だった自然資源の量、質、利便性、コストを指す。自然資源は経済発展の必要条件ではあるが、有限であるため経済成長を制限する要因にもなり、生態コストと外部コストは比較的高い。その効果は、資源や発展段階によって異なるが、発展するほどその効果は低くなる。自然資源の指標は、属性ごとに次の3つに分類される。1つ目は、商業エネルギー使用量であり、国内生産高に輸入量と在庫の変動量を加え、輸出量と国際運送に関わる船舶や飛行機の燃料を引いて計算する。2つ目は、農地面積であり、国連食糧農業機関の定義する耕地、水田、牧場の合計面積を指す。3つ目は、水資源であり、河川の流量、地下水、他の国家から流れ込む河川の流量を指す。農地と水は、変動しないため輸入も輸出もできない指標となる。

　資本資源は、次の3つの指標からなる。1つ目は、国内投資

1　The Barro-Lee Data set, www.barrolee.com/data/dataexp.htm.

総額であり、国の固定資産の追加支出に、在庫レベルの変化量を加えたものである。2つ目は、株式市場の時価である。つまり、国内すべての証券取引所に上場する企業の資本の時価総額で、国の金融市場発展の規模を反映する。3つ目は、海外直接投資（FDI）で、長期的な権利権益（10％かそれ以上の議決権を持つ株式）を獲得するために国内企業に投資する純流入量である。国際収支の中では、株式、再投資される収益、その他の長期資本と短期資本の合計になる。本文では、以上の指標を現在の米ドルで計算した。

　知識技術資源は4項目の指標からなる。1つ目は、科学技術に関する約4800種類の国際的な学術刊行物で発表された論文数で、知識の創造力を反映している。2つ目は、特許出願数で、技術の創造力を反映している。3つ目は、インターネットのユーザー数で、情報伝達能力を反映している。4つ目は、研究開発投資であり、知識や技術の創造力の可能性を反映している。この4つの指標は、情報化社会における知識革新とその伝達、技術革新とその普及情況を反映している。筆者らは、知識技術資源を最も重要な国家戦略資源と見なしている。特に、知識型社会と情報化社会では、その重要性はますます大きくなるだろう。

　政府資源は、数量化できる政府の財政支出だけを使って評価した。これには、政府の経常支出と資本支出だけでなく、企業サービス支出と社会サービス支出も含むが、非金融の公共事業と公共機関の支出は含まない。これは、資源の調達能力と運用能力を反映している。この指標は、購買力平価ベース（国際ドル換算）によって計算する。

　軍事資源は2つの指標からなる。1つは、軍事費であり、国

防部の軍用支出と他の部隊用の支出を含むが、国防部の民間部門の支出は含まない。これは、購買力平価ベース（国際ドル換算）によって計算する。もう1つは、軍人数であり、現役軍人と準軍人を指す。この2つの指標は、量のみで質については反映していない。軍事資源も、総合国力の資源として重要である。国内では社会の安定を維持し、国家の分裂を制止する能力を反映している。また、対外的には、国家利益のための外交能力を反映している。

国際資源は2つの指標から成る。1つは、サービスを含む輸出額、もう1つは、サービスを含む輸入額である。どちらも購買力平価ベース（国際ドル換算）によって計算する。この2つは、国際市場を利用、開拓する能力を反映している。

この節における総合国力を評価する基本方程式は、以下の通りである（胡鞍鋼、扉洪華、2002）[1]。

NSR= Σ （ai × Ri）

NSRは国家の戦略資源、Riは世界に占める資源の割合、aiは資源の重み係数である。

時間の変数tを考慮するなら以下のようになる。

NSR（t）= Σ （ai × Ri（t））

本章では、割合（無次元の比率）を使って世界に占める各国の主な資源を計算しているため、相対的な総合国力となっている。重要なのは、ある国の総合国力や戦略資源を別の国と比較した結果、相対的に上昇傾向なのか、下降傾向なのかというこ

1　胡鞍鋼・扉洪華「中国と米日露の総合国力の国際比較（1980-1998）」（『戦略と管理』第2号，2002）。

とである。しかし、多数の指標をもとに総合国力を計算するに
は、各指標の単位が異なると加算できない。そのため、各指標
の単位をパーセンテージに統一し、それらを合計したものを総
合国力とし、国別、または、時系列で比較する。戦略資源にお
ける17項目の指標の合計を総合国力としているが、各指標に
対しては異なる重み係数をつけ、戦略資源の重要度を反映させ
た。例えば、知識情報社会における戦略資源は、工業化社会の
戦略資源とは大きく異なる。知識情報社会では、知識、技術、
情報等の新しい戦略資源が重要になる。工業化社会では、土地、
食糧、エネルギー、鋼鉄等、従来の資源が重要だったが、その
効果は小さくなってきている。そこで、本章では知識技術資源
の重み係数を大きくした（表9-1参照）。総合国力は時間に伴
って変化するので、国と国の相対的な力の比較だけではなく、
ある国の動的な変化も反映させることができる。

四、中米の総合国力の変化（1990〜2013）

　まず、筆者らによる中国と米国の総合国力についての評価を
解説する。2002年から、筆者らは何度もこの手法を使って中
国の総合国力を評価してきたが、米国との総合国力の差が急速
に縮小しているのは明らかである。
　2002年12月に筆者が出した目標は、20年以内に世界一の
経済体になること、米国との総合国力の差を当時の約3倍から
2倍以内に縮小すること、国民の生活水準を引き上げ、14億人
全員が恩恵を受けられる高いレベルの全面的な小康社会を作り

表9-2 世界に占める中国と米国の総合国力の割合（1990～2013年）

単位：%、ただし「米／中」の単位は"倍"

	1990年			2000年			2010年			2013年		
	中国	米国	米／中	中国	米国	米／中	中国	米国	米／中	中国	米国	米／中
1. 経済資源	4.05	21.17	5.23	7.62	21.68	2.85	13.90	17.17	1.24	15.86	16.49	1.04
2. 人的資源	24.49	10.21	0.42	24.92	8.85	0.36	24.82	7.72	0.31	25.18	7.61	0.30
3. 自然資源	10.55	12.85	1.22	10.04	12.40	1.23	11.14	11.53	1.03	12.07	11.45	0.95
4. 資本資源	1.48	26.58	17.98	3.61	34.00	9.43	15.54	21.84	1.41	19.14	22.00	1.15
5. 知識技術資源	0.86	39.90	46.32	3.92	27.85	7.10	15.55	21.34	1.37	22.20	22.45	1.01
6. 政府資源	0.74	20.54	27.76	1.64	17.35	10.58	8.33	18.26	2.19	10.65	15.14	1.42
7. 軍事資源	8.20	21.27	2.59	8.35	20.00	2.40	10.97	21.04	1.92	12.56	18.16	1.45
8. 国際資源	1.09	13.48	12.40	3.32	16.09	4.84	8.67	11.20	1.29	10.01	10.98	1.10
総合国力	5.64	22.71	4.03	7.50	20.77	2.77	13.84	16.86	1.22	16.57	16.32	0.98

データ出所：筆者作成

第9章　中国はどのように米国を追い越すか

上げることだった[1]。2005年、筆者と王亜華は、米国との総合国力の差を、1.5倍に縮小させると修正したが[2]、いずれも控えめな予測だったと言える。

　筆者らは2013年と2014年に、中国の総合国力の変化について3回目の追跡調査を行なった。今回は、総合国力の核心を明確にするため、知識技術資源のパソコンユーザー数、国際資源の著作権と特許の収支、発電量の4項目の指標を削除した。なお、世界銀行による2011年の国際比較プロジェクトでは、中国の購買力平価データが新たに収集されたこともあり、経済資源のGDP、資本資源の国内資本、政府資源の財政支出、軍事資源の軍事費、知識資源での研究開発費について調整を行っている。

　2000年から2013年、中国は総合国力の上昇国で、米国は総合国力の下降国だったと言える。世界に占める中国の総合国力は、1990年の5.64％から2013年の16.57％に増加した。同時期、米国は22.71％から16.32％に減少した。1990年、米国の総合国力は中国の4.03倍だったが、2000年には2.77倍になった。2013年には0.98倍となり、米国を上回った（表9-2参照）。

　筆者らと米国の国家情報会議の評価は全く違っている。しかし、この10数年間、米国は下降傾向にあり[3]、中国は米国との経済資源、資本資源、知識技術資源、政府資源、国際資源の差を大幅に縮小しているのは事実である。

1　胡鞍鋼編集主幹『中国の大戦略』（浙江人民出版社，2003年版），p.9。
2　胡鞍鋼・王亜華『国情と発展』（清華大学出版社，2005年版）。
3　胡鞍鋼「米国はどのように没落したか」（『世情報告』第21号，2013/5/16）。その後『学術界』第5号（2014）でも発表された。

205

五、中米の八大戦略資源の比較（1990〜2013）

　以上の中国と米国の世界に占める戦略資源の割合から、筆者は次のような結論を得た。

　1、世界に占める中国のGDPは急増し、米国との差が明らかに縮小した。GDPの増加は、総合国力を高めるために最も重要である。購買力平価ベース（国際ドル換算）で計算すると、1990年に世界に占める中国のGDPの割合は4.05％だったが、2000年に7.62％、2013年には15.86％に増加した。また、1990年の米国のGDPは中国の5.23倍だったが、2000年に2.85倍、2013年には1.04倍と急激に縮小した。これは中国のGDPが増加しただけではなく、同時に米国のGDPが減少したからである。中国のGDPは2014年には米国を上回り、世界最大の市場を持つだけでなく、世界最大の経済国にもなった。為替レート換算法（米ドル）で計算しても、中国のGDPは2019年頃には米国を上回ると予想されている。

　2、中国は世界一の人材大国となり、人的資源は戦略資源の中で最も大きな影響力と優位性を持つ資源になった。中国国勢調査によると、生産年齢人口は1990年の66.04％から2013年の73.9％に増加し、同期間で15歳以上の平均教育年数は6.43年から9.20年に延び、人的資本は48億2000万人年から91億1000万人年に増加した。世界に占める中国の人的資本の割合は、24.49％から25.18％に上がっており、これは、米国との差（中国／米国で計算した場合）が2.39倍から3.31倍になったこととも対応している。

第9章　中国はどのように米国を追い越すか

　3、中国の主な自然資源は米国を上回った。1990年、中国が
世界に占める割合は10.55％だったが、2000年に10.04％、
2013年には12.07％になり、米国の11.45％より高くなった。
特に世界に占める商業エネルギーの割合が高まり、1990年は
10.07％だったが、2013年には22.41％になり、米国の17.80
％を上回って世界一になった。世界に占める農地の割合は下が
り、1990年の15.79％から2013年の7.99％になった。一方
で世界に占める水資源の割合は基本的に変わっていないが、世
界に占める人口の割合が主な自然資源の割合より高いため、1
人当たりの自然資源とその使用量は世界の平均より少なくな
り、米国と比べると不利である。しかし、中国と米国の貿易不
均衡を解決するためにも、国際貿易を利用することによって、
米国からの第一次産品の輸入割合を高めていくべきである。

　4、世界に占める中国の資本資源は急速に増加し、米国に次
ぐ世界第2位になった。1990年の世界に占める中国の資本資
源の割合は1.48％だったが、2000年に3.61％、2013年には
19.14％に増加した。米国との差は、1990年は17.98倍だっ
たが、2000年は9.43倍、2013年には1.15倍に縮小した。そ
のうち、世界に占める国内投資総額の割合を見ると、1990年
にはわずか2.36％で、米国の10分の1だったが、2013年には
23.77％に増加し、米国の1.39倍になった。世界に占める市場
資本の割合は、1995年には0.24％で米国との差は163倍もあ
ったが、2013年には7.89％に増加して米国との差も4.32倍に
縮小した。さらに、1990年の世界に占める海外直接投資の割
合は、中国が1.78％、米国が24.70％で、その差は13.9倍も
あったが、2013年には、中国は24.21％に増加して米国との

207

差は1.47倍に縮小した。

　5、中国の知識技術資源は戦略資源としては非常に弱く、1990年の世界に占める知識技術資源の割合は0.86％しかなく、米国との差は46.32倍もあった。1990年代中期、中国政府は「科学と教育による振興」という国家戦略を立て、携帯電話、インターネット等の情報通信技術（ICT）の普及による発展を目指した。その後、知識技術資源は急増し、2000年には世界に占める割合が3.92％に増加した。同時期の米国は27.85％であり、中米の差は7.10倍と著しく縮小した。さらに2013年、世界に占める割合は22.20％に達し、米国との差は1.01倍に縮小した。中国は近い将来に米国を上回り、世界一の知識技術資源国になるだろう。指標を細かく見ていくと、2013年の世界に占める特許の割合は32.66％で、これは米国の1.41倍だった。世界に占める国際的な科学技術論文数の割合は19.60％で、米国との差がまだ大きい。世界に占めるインターネットユーザー数の割合は22.88％で、米国の2.33倍になった。世界に占める研究開発費の割合は13.67％で、米国とは大きな差があった。結論としては、科学技術の革新と技術の普及によって中国の知識技術資源は大幅に増加し、これが総合国力に大きく貢献した。まさに、党第18期代表大会報告の「科学技術の革新は社会の生産力を高める総合国力の柱であるため、国家発展の核心にしなければならない（胡錦涛、2012）」のとおりである。

　6、世界に占める政府資源の割合は増加している。1990年の世界に占める財政支出は0.74％で、米国との差は27.76倍も

あったが、2013年には10.65％になり、その差は1.42倍に縮小した。

7、世界の軍事資源大国である米国との差は縮小している。1990年の世界に占める中国の軍事資源の割合は8.20％だったが、2013年に12.56％に増加し、米国との差も2.59倍から1.45倍に縮小した。内訳を見ると、世界に占める軍事関係の人的資源は世界一であるが下降傾向であり、1990年の16.21％から、2013年の10.63％に下がっている。1990年の世界に占める軍事費の割合は2.87％だったが、2013年には13.85％に増加し、米国との差も10.21倍から1.93倍に縮小した。ここでは、数量化できる2つの指標しか出していないが、中米両国の軍事資源をより深く分析するためには、さらに細かな検証の必要があるだろう。

8、中国は国際資源の利用が目に見えて増加している。1990年、世界に占める国際資源の利用は1.09％だったが、2000年には3.32％に増加し、WTO加入後の2013年には10.01％になった。国際資源の輸出と輸入は、どちらも世界の10分の1を占めるようになった。これは、中国が国際資源を大いに利用していることを示している。世界に占める国際資源の割合を米国と比較すると、1990年には米国は中国の12.40倍だったが、2000年に4.84倍、2013年には1.10倍に縮小した。実際、中国の財貿易額は米国を上回り世界一になっている。サービス貿易については米国に大きく及ばないが、今後は、それも米国を上回り、国際資源の面でも世界一になるだろう。

以上のように、中国の総合国力は高まり続け、世界最大の米国との差も急激に縮小している。総合国力とは、国家の戦略目標を実現するための総合的かつ実際の能力であり、国家の管理能力も反映している。

　まず、総合国力を高めることを国家の発展目標とし、それを政府が実現する必要がある。1992年、党第14期代表大会報告では「各方面の工作について、その是非と損得を判断する。つまり、社会主義社会の生産力の向上に有利か、社会主義国家の総合的国力を高めるのに有利か、国民の生活水準を引き上げるのに有利かどうかである[1]」と明確にされた。その後「向上したかどうか」という判断基準もできた。例えば、2012年の党第18期代表大会報告では「総合国力は大幅に向上した」「総合国力、国際競争力、国際的な影響力は大幅に向上した」のように使われた[2]。

　次に、国家の発展戦略をもとにして発展計画を立て、各戦略資源を増加させる。例えば、1995年の「科学と教育による振興」戦略、2006年に実施された自己革新戦略と「科学技術の中長期発展計画（2006〜2020年）」、2010年の「人材の中長期発展計画（2010〜2020年）」「教育改革の中長期発展計画（2010〜2020年）」等はすべて戦略のための計画であり、具体的な方法が明記されており、これが米国との差を縮小するのに大いに役立ったと言える。

1　江沢民「改革開放と現代化を加速し、中国の特色ある社会主義の勝利をつかみ取る」、党第14期全国代表大会報告。
2　胡錦涛「確固不動たる中国の特色ある社会主義にもとづき、全面的な小康社会建設のために奮闘する」、党第18期全国代表大会報告。

六、総合国力を高める方法

　以上のように、中国と米国の総合国力と8大戦略資源を分析し、世界に占める割合を見ると、中国は総合国力が上昇しており、米国は下落している。戦略資源によってそれぞれ優劣があるが、動態を見ると、中国の戦略資源の条件はよくなり劣勢は改善されているが、米国はその逆である。

　中国には、今後も総合国力が高まる可能性が大いにあり、そのために必要なのは以下の8つである。

　1、マクロ経済を安定させて経済成長の質を高め、経済の発展方法を転換させる。特に国際金融、国際市場等からの影響を最小限に抑えなくてはならない。そして、2020年におけるGDPを、為替レート換算法では世界一にし、購買力平価では米国をさらに上回ることを目指す。

　2、豊富な人的資源や労働集約型の産業等の有利な戦略資源を最大限に活用し、教育と訓練、健康と衛生、就業サービス等、人的資本への投資も強化する。2020年には、人的資源大国、人材大国を作り上げる。

　3、緑色発展、循環発展、低炭素発展を強力に推進する。国土空間の合理的な開発と緑色投資の増加によって緑色改革を実施する。環境にやさしい技術革新や消費を提唱する。国際市場を大いに活用して第一次産品の輸入を増加させる。生態環境の悪化をくい止め、生態学的赤字を縮小させ、さらに生態学的黒字になるようにする。2020年までには、資源節約型の環境に

やさしい社会を基本的に作りあげる。

4、国内の貯蓄率と投資率を高めに維持し、資本の投資効率を高める。特に、大規模な公共投資、公共施設、インフラの経済効果、社会的な効果、生態的な効果を利用する。段階的に資本勘定の自由化を行って人民元の国際化をすすめ、引き続き中国に対する海外直接投資を取り込む一方、海外に対する直接投資を促進する。健全な資本市場を発展させ、できるだけ早く資本市場の分野で米国との差を縮小する。2020年までに、資本市場、外国企業による投資、海外への投資についても世界で上位国を目指す。

5、知識とイノベーションを活用した発展戦略を展開する。研究開発産業と企業との研究開発を大きく発展させて、研究開発チームを拡大させ、各種の研究開発のイノベーションを奨励する。研究開発投資を大幅に増加させ、2020年までにGDPに占める割合2.5%以上になるようにする。また、基礎研究、最前線の技術研究、公共技術研究への投資を強化し、知識革新の恩恵を社会全体が受けられるようにし、知的所有権の保護を強化する。2020年までにイノベーション大国になれるようにする。

6、米国と比べると、中国は政府による資金の調達・運用能力が低い。そこで、国の資金調達能力を高め、全国と全世界に公共物を効果的に提供できるようにする。中国は人口が多いため、政府が各種の公共サービスを提供する必要がある。例えば、インフラや通信施設への投資等である。また、地域間の発展格差が世界最大の国家として、政府が各地を調整して発展させる、

少数民族地区の発展を促進する等、政府が基本的な公共物と公共サービスを提供する。さらに、世界にも公共物を提供できるようにし、途上国に対して政府開発援助（ODA）を実施する。[1]

7、「国防と軍隊の近代化の推進（胡錦涛，2012）」を急速にすすめ、GDPに占める軍事費の割合を高める。中国は、国土面積が960万km²、陸の国境は2.2万km、海岸線は1.8万km、海域面積は300万m²もあるため、基本的な国防だけでもGDPに占める割合は2.0％必要で、これは「最低限の国防」である。国防と軍隊を近代化するにはGDPの2.5％は必要で、海外の水上運輸交通の安全を確保するには、さらに必要となる。これらについては、できるだけ早く計画・実施し、国防と軍隊の現代化、大国としての地位、そして世界の安全に果たす役割に見合ったものにする必要がある。2020年までに、国防と軍隊の「新3段階発展戦略（江沢民，1997）」実現のための基礎を作りあげる。

8、全面的に対外開放をして、貿易と投資の自由化、サービス業の利便化を推進する。積極的に関税を削減することで、他の国が中国の市場に参入しやすくし、巨大で開放的な「中国市場」を世界のために提供する。現在の開発途上国に対する一部の商品のゼロ関税を低所得国まで広げることもできる。周辺国および地域との自由貿易区の相互利用を推進し、西欧や米国とも自由貿易区をつくり、国同士で協力する基礎を固める。サー

1　2010年から2012年の中国の政府開発援助は893億元で、同時期のGDPの0.063％を占めた。今後は、できるだけ早く0.1％、0.3％へと上げていき、最終的には0.7％を目標とする。

ビス貿易を発展させ、対外貿易をバランスよく拡大し、国内の
サービス業市場を開放することによって、国内のサービス業も
発展させ、2020年までにサービス貿易大国になる。

七、総合国力の総括

　1956年、毛沢東は党第8期代表大会準備会議で、米国を追
い越すことを目標とした。当時、国家の実力を示す鉄鋼の生産
量は、1955年で400万トン余りしかなかったが、米国は1億
トンもあった。毛沢東は「60年前は米国の鉄鋼の生産量も
400万トンしかなかった」ことから、50年後（2006年）、60
年後（2016年）なら米国を上回ることができると考えた。世
界で米国を上回ることができる国は中国だけだろう。現在は、
毛沢東の時代よりも有利な経済力、チャンス、国際環境があり、
情報的な優位性も高いからだ。
　20数年前、党14期代表大会報告で「発展が最優先事項（発
展是硬道理）」という共通認識ができ、その後「科学的発展が
基本」に変わった。また、同報告で初めて総合国力を高めると
いう目標が設定され、その後の中国の総合国力は大幅に向上し
た。総合国力が高ければ国際的な主導権や発言権も強くなり、
人類の発展にも大きな貢献ができるだろう。
　中国の急速な発展は、米国の国家情報委員会の予測も筆者ら
の予測も上回った。この20年間の総合国力の変化によって、
今後の中国と米国関係は新たに構築されるだろう。中国は積極
的に国内外の問題に取り組み、戦略の優位性と主導権を勝ち取
ることで、2020年までに「全面的な小康社会」と「豊かな国民」
という目標を実現する必要がある。そして、総合国力をさらに

214

高めて本当の意味での大国になり、人類発展のために大きな貢献をしなければならない。

　中国の総合国力は米国を越えた。次は1人当たりのGDPを先進国並みにすることである。これには長い期間が必要であり、そう簡単でもないだろう。まさしく「一から始める（毛沢東，1935）」ことが必要なのである。

第10章
中国と世界
～現代化の後発国から人類発展の貢献国へ～

　2014年は中華人民共和国の建国65周年だった。中国はこの65年で、旧態依然の農耕社会で「貧困以外何もない」「落ちぶれた帝国」から、経済も社会も現代化した強大な社会主義国家になった。

　1956年、毛沢東は「孫中山先生を記念して」で次のように書いた。「45年後は2001年であり21世紀になる。その時には、中国は大きく変わり、強大な社会主義工業国になるだろう。中国には、960万km²の土地と6億の人口があるのだから、人類に対して相応の貢献をするべきだ」[1]。

　それでは、中国は強大な現代社会主義国になったのだろうか。人類の発展に対して貢献をしたのだろうか。これらを、客観的、科学的に数量化して評価するには、どうしたらよいのだろうか。

　筆者はかつて、中国の急速な発展が世界にどのような影響を与えたかを専門的に研究したことがある[2]。そして、そこに規模がもたらす5つの外部性があったという結論に達した。すなわち、経済、貿易、技術、貧困、環境に対する外部性である。前の4つは、世界に大きな正の外部性があるが、最後の1つは大きな負の外部性がある[3]。

1　毛沢東「孫中山先生を記念して」, 1956/11/12（『毛沢東文集 第7巻』, 北京：人民出版社, 1999), p.156-157。
2　胡鞍鋼『そびえ立つ中国』（北京：北京大学出版社, 2007)。
3　同上, p.42-43。

図 10-1 中国の発展に伴う5大外部性（正の外部性、負の外部性）

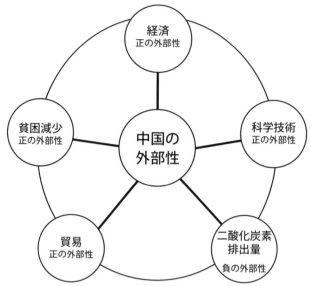

データ出所：筆者作成

　今後は、中国と世界がどのように協力していくべきか研究する必要がある。本章では、中国と世界の協力をテーマとし、中国がどのように現代化してきたか、また、人類の発展にどのように貢献してきたかを分析する。

一、国家の発展に伴う外部性

　前述した5つの外部性については、次の通りである（図10-1参照）。1つ目は経済の外部性で、経済規模が大きければ経済成長率も高くなり、世界経済に対する貢献も大きくなる。これについて、中国には2つの特徴があり、購買力平価と為替レー

表10-1 世界に占める中国の主な指標の割合（1990～2013年）

単位：%

	1990	1993	1996	1999	2002	2005	2008	2010	2011	2012	2013
GDP(為替レート換算法、米ドル)	1.6	1.7	2.8	3.4	4.3	4.9	7.3	9.2	10.2	11.3	12.3
GDP(購買力平価、国際ドル)	4.0	4.9	6.4	7.4	8.5	10.0	12.2	13.9	14.6	15.2	15.9
輸出額(米ドル)(サービス業を含む)	1.2	1.3	2.5	3.1	4.5	6.4	8.0	9.1	9.3	9.8	10.4
輸入額(米ドル)(サービス業を含む)	1.0	1.5	2.3	2.7	4.1	5.5	6.3	8.2	8.7	9.1	9.7
貿易額(米ドル)(サービス業を含む)	1.1	1.4	2.4	2.9	4.3	6.0	7.1	8.7	9.0	9.5	10.2
特許申請数(件)	1.0	2.1	2.1	3.9	5.6	10.2	15.1	19.7	24.5	27.8	32.1
エネルギー消費量(石油換算トン)	10.2	10.7	11.6	11.5	12.5	15.9	17.8	20.1	21.5	22.0	22.4
二酸化炭素排出量(炭素換算トン)	10.1	11.6	12.6	13.3	15.2	19.3	22.1	25.4	26.8	27.0	27.1
s 絶対貧困人口 (人)	35.8	33.1	26.0	25.7	22.2	15.3	13.3	10.2	—	—	5.0

データ出所：世界銀行・世界銀行データバンク；世界知的所有権機関（WIPO）．WIPOデータバンク；BP．世界エネルギー統計データバンク

表 10-2　世界に対する中国と米国の GDP 成長率の寄与度
（1990 ～ 2013 年）

単位：%

	GDP（為替レート換算法、米ドル）の寄与度		GDP（購買力平価、国際ドル）の寄与度	
	1990-2000	2000-2013	1990-2000	2000-2013
中国	7.9	19.2	12.9	23.0
米国	40.3	15.5	22.4	12.0

データ出所：世界銀行，世界銀行データバンク

表 10-3　世界に対する中国と米国の貿易増加額の寄与度
（1990 ～ 2012 年）

単位：%

	輸出額の寄与度（米ドル）		輸入額の寄与度（米ドル）		貿易額の寄与度（米ドル）	
	1990-2000	2000-2012	1990-2000	2000-2012	1990-2000	2000-2012
中国	6.3	13.2	5.8	12.4	6.0	12.8
米国	14.9	7.4	23.6	8.9	19.2	8.1
合計	21.2	20.6	29.4	21.3	25.2	20.9

データ出所：世界銀行，世界銀行データバンク

ト換算法による2つのGDPから、世界の経済成長に対する中国の貢献度を計算することができる。2つ目は貿易の外部性で、国の貿易規模が大きければ、貿易の増加額も多くなり、世界の貿易に対する貢献も大きくなる。ここでは、主に為替レート換算法で貿易額を計算している。3つ目は技術の外部性で、ある国家における新技術開発が多いほど、世界の技術革新と応用に対して貢献できる。ここでは、特許出願量を指標とした。4つ目は貧困の外部性で、ある国家が貧困を大幅に減少させれば、世界の「ミレニアム発展目標」に貢献することができる。ここでは、国際貧困ラインである、1人1日1.25ドル以下で生活している人口を指標とする。5つ目は二酸化炭素排出の外部

第10章　中国と世界

表 10-4　世界に対する中国と米国の特許申請増加数の寄与度
（1990～2012 年）

単位：%

	特許申請増加数の寄与度	
	1990-2000	2000-2012
中国	11	61.95
米国	32.8	25.46

データ出所：世界知的所有権機関（WIPO），WIPO データバンク

性で、ある国家の二酸化炭素の排出量が多ければ、世界に負の
外部性が生じる。ここでは、二酸化炭素排出量を指標とする。
これによって、世界の気候変動に対する中国の負の影響を理解
できるだろう。

　国家が発展していく過程では、世界に対する正の外部性と負
の外部性が発生する。ゆえに、プラスマイナスを差し引きする
必要がある。ここでは以下の公式を使って、5つの指標の総合
貢献度を計算する。
　（総合貢献度）＝（経済の貢献＋貿易の貢献＋技術の貢献＋
貧困減少の貢献）─（二酸化炭素排出の貢献）
　本章では、この公式を使って、中国の過去20年余り（1990
～2013年）の正の外部性と負の外部性による貢献度を分析す
る。

二、経済に対する貢献

　中国の世界に占めるGDPの割合は大幅に増加し、世界ラン
キングも著しく上がった。為替レート換算法によると、1990
年の世界に占める中国のGDPの割合は1.6％で世界第11位だ

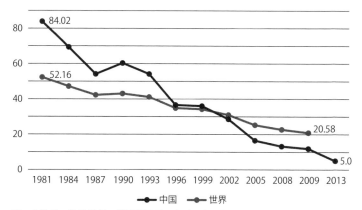

図10-2 中国と世界の絶対貧困人口発生率（1981〜2013）

データ出所：世界銀行，世界銀行データバンク，PovcalNet: the on-line tool for poverty measurement developed by the Development Research Group of the World Bank, 2013

った。2000年は3.63％で第6位、2013年には12.3％で第2位になった。購買力平価ベースでは、1990年の世界に占めるGDPの割合は4％、2000年は7.6％、2013年には15.9％になった（表10-1参照）。

また、世界の経済成長に対する中国の貢献度は年々高まり、最大の成長エンジンとしての役目を果たすようになった。為替レート換算法によると、1990年から2000年、世界の経済成長に対する中国のGDPの寄与度は7.9％だったが、2000年から2013年には19.2％に上昇して同時期の米国の15.5％を上回った。購買力平価ベースでは、1990年から2000年、世界の経済成長に対するGDPの寄与度は12.9％だったが、2000年から2013年は23.0％に増加して同時期の米国の12.0％を上回った（表10-2参照）。

第 10 章　中国と世界

表 10-5　世界に対する中米の二酸化炭素の排出増加量の寄与度
（1990～2013年）

単位：%

	二酸化炭素の排出増加量の寄与度	
	1990-2000	2000-2013
中国	41.7	62.8
米国	31.3	-4.4

データ出所：BP，世界エネルギー統計データバンク

三、貿易に対する貢献

　世界に占める貿易額（サービスを含む）の割合は大幅に増加
した。1990年、世界に占める中国の輸入額の割合は0.97％、
輸出額の割合は1.21％、貿易額の割合は1.09％だった。2000
年には、輸入3.14％、輸出3.50％、貿易額は3.32％になり、
さらに2013年には、輸入9.67％、輸出10.36％、貿易額は
10.02％に増加した。WTOのデータによると、2013年に中国
の財貿易額は米国を上回って世界一になった。1913年以降、
100年間世界一を維持してきた米国を追い越したのである。
　また、世界の貿易に対する中国の貢献度が増し、ここでも最
大の成長エンジンとしての役目を果たすようになった。世界の
貿易（サービスを含む）に対する中国の寄与度は、1990年か
ら2000年では6.0％だったが、2000年から2012年には12.8
％に増加し、同時期の米国の8.1％を上回った（表10-3参照）。

四、新技術の開発に対する貢献

　世界全体に占める中国の特許出願数は大幅に増加した。

223

1990年の世界に占める中国の特許出願数の割合は1.02%だったが、2000年に3.77%になり、2013年には32.1%に増加した。

世界の特許出願量に対する中国の貢献度も増している。1990年から2000年、世界に占める特許出願量に対する中国の寄与度は11.0%だったが、2000年から2012年には61.95%に増加し、同時期の米国の25.46%を上回った（表10-4参照）。

中国は1985年に特許法を制定した[1]。これは最初に特許法を制定したイギリス（1624年）より361年も遅く、米国（1790年）よりも195年遅かった。しかし、この分野でも中国は先進国を追い越したと言える。

五、貧困減少に対する貢献

中国の絶対貧困人口は大幅に減少し、1990年の6億8300万人から2013年には6800万人になった。世界に占める中国の絶対貧困人口の割合は、1990年は35.82%だったが、2010年に10.2%、2013年には5%にまで減少した（図10-2参照）。

これにより、世界の絶対貧困人口の減少に対して最大の貢献をした。国際社会では、1990年に貧困減少のための世界的な計画が立てられ、その結果1990年の19億700万人から2010年の12億1200万人に減少した。減少した6億9500万人のう

1　1898年5月、清政府は中国で最初に特許に関する「技術の振興に対する表彰規定」を公布した。これは、発明の性質によって50年、30年、10年の特許権を与えるというものだったが、本質は独占権であり、現在の特許権とは質が違っていた。この規程は2ヶ月後に廃止された。1912年、中華民国政府は「技術に関する暫定規定」を公布し、1944年には国民党政府が「特許法」を公布した。『中国特許史』第2巻，国家知的所有権局のウェブサイト，2005/7/14。

ち5億6500万人が中国による減少であり、その割合は81.3%
にも及んだ。

六、二酸化炭素排出の負の外部性

　世界に占める中国の二酸化炭素排出量は、1990年の10.1%
から2013年の27.7%と上昇し続け、世界一となった。
　世界全体の二酸化炭素排出量の増加に与える影響という点で
も中国の割合が最も多く、1990年から2000年は中国が世界
の41.7%を占めて米国の31.3%よりも大幅に高かった（表
10-5参照）。2000年から2013年に米国やEUは排出削減をし
たが、中国は逆に増加してその割合は62.8%にのぼった。
　発展の代償とはいえ、二酸化炭素排出や汚染物質排出には負
の外部性しかない。

七、総括

　かつて、世界が現代化によって発展していく中でも、中国は
落伍者であった。1949年の新中国設立後、ようやく工業化や
現代化が始まった。1978年、基本的な工業体制と国民経済の
体系ができあがり、改革開放のための物質資本や人的資本が蓄
積され、重要な制度の基礎もできあがった。その後、経済は急
速に発展し始め、現在に至っている。
　中国は、世界に対して全面的に開放することによって、経済、
貿易、科学技術の分野で世界と結びつき、同時にその規模によ
って大きな正と負の外部性が発生した。一方では、経済成長、
貿易、技術革新、貧困の減少で世界に大きく貢献し、世界をけ

ん引するエンジン役を担った。しかし、他方では、二酸化炭素排出量の増加がEUや米国を大幅に上回り、世界に対する最大の負の貢献となった。この負の外部性をなくすため、中国は緑色発展に転換する必要がある。つまり、低炭素発展、循環発展である。まず、石炭の使用量、二酸化炭素排出量、他の温室効果ガス排出量の削減を最優先した政策をとり、負の外部性を減らしていかなければならない。これは、今後も中国と世界が発展し続けるために不可欠である。

📽 インタビュー（その①）

> これは、2014年8月4日、韓国KBSテレビの記者・朴晋範氏によるインタビューの録音を、董豊彦の協力を得て編集したものである。

記者：中国のGDPは、いつ米国を上回るのでしょうか。

胡鞍鋼（以下「胡」）：まず、これまでのことを少し話しましょう。私の著作『中国の道、中国の夢』でも書きましたが、米国を上回るというのは、毛沢東が長年描き続けていた「中国の夢」で、私はそれを「強国の夢」[1]と呼んでいます。毛沢東は、1956年の党第8期代表大会準備会議で、50年か60年かけて、つまり、2006年か2016年までに、鉄鋼の生産量で米国を追い越すと初めて宣言しました。[2]この「強国の夢」が、私の中国研究における重要なテーマです。2000年の初めに『21世紀の展望：中国はどのように米国を追い越すか』[3]という本を出し、2003年には、日本でも『かくて中国はアメリカを追い抜く：胡錦涛-温家宝体制の戦略』が出版されました。[4]

ふり返ってみると、21世紀に入ってからは、毛沢東の予言の検証ばかりしています。50年か60年前のことなので当然で

1 　胡鞍鋼『中国の道、中国の夢』（杭州：浙江人民出版社, 2013）。
2 　毛沢東「党の団結を強め，党の伝統を受け継ぐ」, 1956/8/30（『毛沢東文集　第7巻』, 北京：人民出版社, 1999, p.89）。
3 　胡鞍鋼「21世紀の展望：中国はどのように米国を追い越すか」（『世情報告』第80号, 2000/10/6）。
4 　胡鞍鋼『かくて中国はアメリカを追い抜く』, 石平訳（東京：PHP研究所, 2003）。

227

すが、毛沢東はGDPでなく鉄鋼の生産量を主な指標に使っています。実際、中国の鉄鋼生産量は、1990年代後半にすでに米国を上回ったので、その点では、この予言は当たったと言えます。中国が米国を追い越す過程というのは、2輌の長い列車が並走しているようなもので、1日とか1年ではなく、とても長い年月をかけて追い越すということです。

　私の研究では、まず1990年代に農産物の生産高が米国を上回り、続いて農業生産高の増加額も米国を上回りました。さらに21世紀になると、中国の工業製品の総生産量も米国を上回り、2010年には、中国の工業生産の増加額（米ドル、為替レート換算法）も米国を上回りました。これが何を意味するか分かりますか。1880年か1890年頃から、米国は世界最大の工業国として120年余りに渡って世界をリードしてきたのを、中国が取って代わったということです。初めは農業部門、次に工業部門でも米国を上回ったのです。

　最後はサービス業です。今のところ、中国のサービス業の増加額は、まだ米国のレベルに達していません。その主な原因は、米国のサービス業の価格が中国より高いからだと私は考えています。例えば、米国の大学の授業料は中国より高いので、その質も当然違ってきますよね。

　評価方法はいろいろありますが、中国は米国を上回ったと言えます。GDPで比べる場合は3種類の方法があります。

　1つ目は、購買力平価によるもので、著名な経済学者、アンガス・マディソンが、1990年の国際ドルの不変価格で中国のGDPを計算すると、2010年に米国を上回るというものです。この方法を使えば、さらに専門的で長期的な分析と比較を行うことができます。

インタビュー（その①）

2つ目は、世界銀行の購買力平価によるもので、今年（2014年）の年末のドル価格で計算すると、中国のGDPが米国を上回るというのです。ほかにも、2013年、中国のGDPは米国の96％でしたが、今年のGDP成長率を中国7.4〜7.5％、米国2.2％とすると、中国のGDPは米国の104％となり、米国を上回ることになるのです。

3つ目は、為替レート換算法によるものですが、この方法によると中国のGDPは米国の55％しかありません。2010年で約6兆ドル、2013年で9兆ドルですが、2020年には18兆ドルになる見込みで、この時には米国を上回るでしょう。

毛沢東の予言が当たったことになりますが、50年も前に予言していたのはすごいことです。

毛沢東は、米国を上回る理由も3点挙げています。[1]

1つ目は、国土の面積です。米国と中国は、国土の面積がどちらも960万k㎡です。当時、強大な工業体制と国民経済の体系を確立できたのは、中国、米国、旧ソ連しかありませんでした。現在はEUもありますが、面積は400数万k㎡、人口も5億人と中国には及びません。毛沢東が国土の面積を理由に挙げたのもうなずけます。国土の面積が大きければ、資源も多く、その種類も豊富で、国家の発展に役立つからです。

2つ目は、人口が多いことです。当時、中国の人口はすでに6億人もいました。現在、米国は3億人余り、中国は14億人です。経済大国と人口は関係があります。巨大な人的資本と消費能力があるからです。

3つ目は、これが一番の理由だと思いますが、中国が社会主

1　毛沢東「党の団結を強め，党の伝統を受け継ぐ」，1956/8/30（『毛沢東文集第7巻』，北京：人民出版社，1999，p.89）。

義であることです[1]。この点から見ると、毛沢東は、米国を追い越すだけではなく、ほかにも別の考えがあったと思われますが、それについては検証中です。

記者：中国が大規模投資をする理由は何ですか。

胡：先ほど述べましたが、中国は国土の面積は広いのですが、地域間のバランスが取れていません。そのため交通革命が必要なのです。「経済地理の革命」と呼んでもよいでしょう。交通に関しても中国は後発国です。例えば、約200年前の1825年にイギリスで最初の鉄道ができ、1828年には米国にもできました。中国は1900年末になっても、総延長距離は微々たるもので、1949年になっても2万kmくらいでした。インドの方が多く、5万kmもありました。60年前までは、中国の交通はとても貧弱だったのです。でも、今は違います。ちょっと紹介しましょう。

　まず、鉄道についてですが、2013年に中国の鉄道の総延長距離は10万3200kmに達しました。これは米国に次ぐ世界第2位で、米国の約半分です。しかしながら、高速鉄道、つまり時速が200キロ以上の鉄道は1万km以上あります。つまり、中国の鉄道革命は「高速鉄道革命」と言えるでしょう。さらに、中国の高速鉄道は世界の半分以上を占めていて、平均時速も他の国家よりずっと速いのです。このような高速鉄道を持つ国はほかにありません。現在の中国人にとっては、高速鉄道が旅行のための主な交通手段です。今年（2014年）の1月から6月、

1　同上。

インタビュー（その①）

全国で高速鉄道を利用した延べ人数は3億2000万人以上ですが、そのうち、北京-上海線は延べ人数が4900万人に達しました。今年1年で、延べ人数は1億人以上になると予想されます。現在、鉄道の乗客の延べ人数は、国内の旅客者総数の33.2％を占めています。

「中国高速8時間」を知っていますか。2015年頃までに、高速鉄道は人口50万人以上の都市を基本的に網羅する予定です。新疆、チベットは除きますが、内モンゴル自治区のフフホト、広西自治区の南寧等を含む各省、市、自治区の主な都市から高速鉄道で北京に行く場合、大体8時間以内で行けるというので「中国高速8時間」と呼ぶのです。でも、こんなに大規模な鉄道があっても、祝日や休日の高速鉄道の切符はなかなか買えません。

次に道路についてですが、これは、高速道路と農村の道路に分けられます。中国とインドでは、1984年に世界銀行の融資を得て、高速道路の建設が始まりました。1988年、中国の高速道路の総延長は500kmしかありませんでしたが、今は10万km以上で、米国の9万kmを上回って世界一になりました。2つ目は農村の道路です。舗装道路が増えれば、農村には大きな変化が表れると思います。

当然、インフラはまだまだ不十分です。特に、石油と天然ガスのパイプラインは、米国の200万kmと比べ、中国はたった10万kmしかありません。そのため、今後はさらに西から東へ天然ガスのパイプラインと、南から北への石油と天然ガスのパイプラインの建設が必要です。

交通には航空も含まれます。中国の航空サービスは人口の80％をカバーしていて、居住地から約100km以内には飛行場

231

があります。例えば、北京・天津・河北地区では、北京空港以外に、石家荘空港や天津空港もあるのでとても便利です。

　中国の交通革命は、中国全体に経済地理革命を起こし、人やモノの移動時間を短縮することができました。これも、中国が経済大国になった理由の1つでしょう。逆に考えれば、交通革命がなければ、毎日こんなに大量の人やモノは移動できません。交通事故では死傷者数が多いのも確かです。全体的には安全になってきているとはいえ、過去の経験と教訓を生かしながら、よりよい交通に発展させていく必要があります。

記者：都市化についてですが、さらに都市や町の建設を強化する理由は何ですか。

胡：郷鎮レベルの行政区域は、都市と農村が集まるところです。全国では郷が2万強、鎮が1万2800、合計3万3000あります。1980年代の山東や広東等の経験から「豊かになりたければ、まず道を作れ」ということで、多くの高速道路を建設しました。その後、農村の道路建設にも力を入れました。現在、農村の道路の総延長は数百万kmもあります。

　道路の総延長距離から見ると、米国は650万km、中国は450万kmですが、10年以内には米国と同じくらいになるはずです。その大部分は農村の道路ですが、現在、郷鎮レベルの道路はほとんど舗装され、その割合は97.4％になりました。これは、すごいことで、他の開発途上国では無理でしょう。また、村の道路の86.46％は公道で、残りも舗装される予定です。

　現在、農村ではオートバイを持つ家庭が多くなりました。サンプリング調査によると、農家100戸当たりに62.2台のオー

トバイがあり、さらにトラックや自動車も持っています。中国の自家用乗用車と貨物車の台数は昨年1億台を超えましたが、その20%ぐらいが農民所有と予想されます。現在の農民にとって、乗用車や小型トラック等を運転することは当たり前になりました。1987年にユーゴスラビアに行った時、中国の農民はいつになったら乗用車や小型貨物を持てるのだろうと考えていましたが、それが実現しつつあるようです。

　農村に車が普及したことによって、3つの大きな効果がありました。

　1つ目は、農村へ行き来する道がつくられたことによって、農民の活動範囲が広がったことです。オートバイで町へ行ってアルバイトもできるし、小型貨物車があれば運送の仕事をすることができます。一方、車の急増に伴って交通事故も増えています。なぜ、あれほど多くの事故が起こるのかは分かりません。でも、死亡人数は10年連続で下がっています。

　2つ目は、農民の活動範囲の拡大によって給料による収入が増加したことです。特に2013年における農家1人当たりの純収入の内訳は、給料による収入が初めて自営による収入や農業収入を上回りました。これは、農民がオートバイ、乗用車、貨物車を持つようになったことと大きく関係していると思われます。

　3つ目は、農民の活動範囲が広がったことで、公共サービスも行き届くようになったことです。郷と鎮は行政の末端でもあるので、公共サービスはとても重要だと考えています。例えば、現在多くの農民が自分で運転して県の病院や郷の診療所に行けるようになりましたが、これが、公共サービスが行き届くようになったということです。

　中国は全国的に、特に農村には道路が必要です。これは大規

模な工事になりますが必要不可欠です。政府も明確な計画を出した上で、農村の道路建設に補助金を出してこの問題を解決しようとしています。

記者：中国は面積が広く、資源も豊富だとおっしゃいましたよね。では、広大な国土、さまざまな気候、豊富な資源、という条件は、大国になる過程でどのような効果があるのでしょうか。

胡：その答えは、さきほど強調した毛沢東のことばにあると思います。面積が960万㎢もある広大な国の有利な条件とは、毛沢東の言う「東がだめなら西がある、南がだめなら北へ行け」ということで、方法は必ずあるという意味です。[1] つまり、国土が広ければ発展する可能性も大きいのです。当然、960万k㎡のすべてが発展しなければならないわけではありません。中国は5年前に「全国主体機能区計画」をつくり、そこで初めて生態保護という概念も取り入れました。国土面積の多くを自然空間あるいは緑色空間にするというもので、具体的には、牧草地帯、ダムや湖、湿原、森林の4種類です。これは、初めて専門的な視点から国土の緑化計画を立てたものです。緑化の中心は都市で、都市の中にも重点区域を設定しました。農村では中心街と住宅街に重点を置きました。

中国を大国と呼ぶ理由は明らかです。1つ目は、国土の面積が960万k㎡もあること、2つ目は、人口が13億6000万人もあること、3つ目は、就業人口が特に多いことです。現在の就業人口は7億人以上で、米国とインドの合計よりも多いのです。

1　毛沢東「中国の革命戦争の戦略問題」, 1936/12（『毛沢東選集 第 1 巻』, 北京: 人民出版社, 1991, p.189）。

インタビュー（その①）

企業の数も多いです。2013年、中国で登録されている企業は小企業、零細企業を含めて1525万社もあり、ほかにも4400万人の個人経営者がいて、合計すると6000万です。これが、どれほど多いか分かりますか。米国は500万、EUは2000万、合計しても中国の方がずっと多いのです。今後も発展の可能性は大いにあると言えるでしょう。

　中国には、大規模な国土、人口、企業のほかに大規模な消費もあります。この点からも中国の発展が世界に影響することが分かるでしょう。

　ほかにも、インターネットとモバイルネットワークのユーザー数は5億人以上です。これほど多くのユーザーが情報を交換しているのは世界でもまれでしょう。農家一戸当たりの携帯電話所有台数が平均2台になったことからも、中国が急速に発展していることが分かります。

　中国は経済大国として、どのように国を治めるかが重要になってきました。そこで、習近平主席が今年2月17日、中央党校（中国共産党の高級幹部を養成する機関）において、国家が現代化するための国の管理方法と管理能力について話しています。これは、国家の管理コストを下げて収益を高めることも含みます。これほど大きな国と人口を、どのように管理すればよいのでしょうか。米国を前例に考えるにしても、人口は3億人で労働力も1億5000万人しかいないので参考にはなりません。

　以上が先ほどの質問に対する大体の回答です。2011年に出版した私の著書『中国2020 新型の大国』の中で大国の定義についても書きました。学術的に見ると、大国の定義は無数にありますが、この本の定義はとても簡単です。米国を大国とみなし、米国を上回るなら大国ということです。ただし、米国を単

に模倣するのではなく、新しい大国になるべきです。つまり、世界に多くの公共物を提供し、世界の発展に貢献する国です。この本では、さまざまな方面から議論と分析をしており、米国でも正式に出版されたので、米国と英語圏の読者に対しても、中国が米国を上回ったら中国はどうあるべきか、どのような大国であるべきかを説明できたと思います。この意味からも、あなた方が制作した「Super China」は、とても興味深いです。

記者：国家の経済規模を表すGDPが、2020年には米国を上回るということですが、1人当たりのGDPは西側諸国よりずっと低いですよね。GDPだけが大きいことが、それほど重要なのでしょうか。

胡：それは、人によっても、見方によっても違います。国民にとっては、経済規模より1人当たりのGDPや1人当たりの平均収入に関心がありますよね。しかし、他国の人なら中国の経済規模に関心があるのです。例えば、シンガポールにおける1人当たりのGDPが中国より大きいことに関心は持たれません。世界にあまり影響がないからです。中国に対する認識と理解は人によって違うので「2つの面から見る」必要があります。1つは、中国の経済規模が世界第2位で、まもなく第1位になること、もう1つは、中国と米国の1人当たりの平均収入の差がとても大きいことです。でも、考えてみてください。もし、中国の1人当たりの平均収入が米国と同じになったら、世界はどうなってしまいますか。

　だから、1人当たりの平均収入を米国並みにとは言いません。われわれがより関心を持つのは平均寿命の引き上げです。

日本や韓国の平均寿命は米国より長く、平均寿命の方が1人当たりの平均収入より重要とも言えます。2010年、中国の平均寿命は74.8歳、米国は79歳です。2030年には、米国は81歳くらい、中国は80歳くらいになると思われます。この時には、中国における1人当たりのGDPが米国の半分だとしても、実質的には国民の生活の質は米国と同じくらいになっているはずです。

　このように、ある1つの問題を考える時、指標や比較の対象によってその評価は変わります。世界的に見れば、韓国の学者もそうだと思いますが、中国における1人当たりのGDPではなく、GDPについて議論するでしょうが、中国の学者なら1人当たりのGDPや収入について議論するでしょうね。要するに視点が違うのです。

記者：交通革命についてですが、高速鉄道を含めた交通革命は、中国が大国になる上でどのような効果があるのでしょうか？

胡：それは、相互作用だと思います。経済の発展に伴ってインフラの需要が高まり、インフラを建設する能力も高まります。つまり、大国かどうかはまずインフラの面に表れるとも言えます。米国がよい例で、1920年の鉄道の総延長は40万kmもあって世界の70％近くを占めていました。これは、大国の特徴だと思いませんか。同じように、中国にも高速鉄道が1万kmもあって2030年には2万kmになり、世界の70％近くを占めると思われます。こう考えると、交通革命、特に高速鉄道、高速道路の革命は、大国であるという重要な特徴と言えます。

記者：毛主席の観点を紹介されましたが、その中で、中国の面積が広いことが重要だと言っています。しかし、これからの工業化に、国土の面積の広いことが、それほど重要なのでしょうか？

胡：現在、全世界がインターネット時代になり、今までになく世界がつながっています。中国はこの20年間で歴史的なチャンスをつかんだと言えます。簡単な例を挙げると、20年前に私が米国から帰国した時、ちょうど中国にインターネットが導入されました。当時の米国のユーザー数は中国の1400倍以上もありましたが、今は逆に、中国のユーザー数が米国の数倍になりました。中国が20年という短い期間で米国を上回ったのは、国土が広いからだけではなく、この情報革命やネットワークを活用したからです。経済学的には「リープ・フロッグ（先進国とは違う革新的な方法で、先進国を飛び越えるような発展方法）」、つまり「飛躍的な発展」と言います。中国では、革新的なことがすばやく普及することによって、巨大な経済効果が生み出されます。これが「大きいことは、よいことだ」ということです。逆に「大きいと、困難も大きい」となることもあります。「大きい」ということは、地域の格差も大きくなりますよね。規模の大きい経済体や人口は、優劣さまざまということです。現在、中国では優位性が大きくなっています。実際「大きい」ことは重要なのです。なぜEUができたのか、なぜEUがさらに拡大しているのかを考えれば分かるでしょう。

　大きな経済体があって、取引コストが安くて関税もなかったらどうですか。例えば、高級な眼鏡があるとしましょう。中国人の30％がその眼鏡をかければ、企業はあっという間に成長することができます。大規模な経済体と取引するということは、

インタビュー（その①）

企業もそのスケールメリットを得られるということです。サムスンやLGが、なぜ必死に中国市場に進出しようとするのでしょうか。それは、中国のスケールメリットが得られるからです。世界のスマートフォン市場では、サムスンが第1位、アップルが第2位、中国の華為（ファーウェイ）が第3位です。もし、サムスンやLGが中国に進出していなかったら、トップ10になれなかったと思われます。この点では、中国を最もうまく利用したのは韓国企業、特にサムスンとLGだと言えます。中国の企業も、サムスンやLGから学ぶべきです。とはいえ、サムスンやLGも、技術開発を続けなければ中国市場から追い出されてしまうでしょう。だから「大きいことは、よいことだ」「大きいと、困難も大きい」のほかに「大きいと、圧力も大きい」と言えますね。

記者：国土の面積で思ったのですが、韓国の力が強くなっても「スーパー韓国」になると言う人はいません。それは、韓国の面積が小さいからでしょうか。国土が広いことは、大国になるための十分条件ではないけれど必要条件だと思います。これについては、どう思いますか。

胡：大国になるには、必要条件があると思います。それは、人口規模と国土面積です。これは、毛沢東が述べた条件に似ています。もう1つの条件は制度です。米国の制度は、イギリスやかつての中国の制度より優れています。毛沢東の仮説によると、十分条件は社会主義制度で、これは米国より優れていると言っています。新中国設立から60年余りたちましたが、現代社会主義という現在の中国の制度は米国より優れて

239

いると言えます。そうでなければ、なぜ中国がこれほど早く米国に追いつくことができたのかを説明できません。

また、中小国家だからといって、いわゆる「スーパーカンパニー」が不可能なわけではありません。実際、韓国の10数社の企業が、世界の500強ランキングに入っていますよね。2014年に世界の500強に入っている米国の企業は120社ぐらいで、中国は香港と台湾を含めると100社に増えました。香港と台湾を除いても92社あります。だから、中小国家でも「スーパーカンパニー」が生まれる可能性があるのです。スポーツでもそうです。人口の多い国だけが天才的なスポーツ選手を輩出するのではありません。ジャマイカのように、優秀なスプリンターがいて多くの金メダルを得ている国もあります。

経済競争はさておき、中国は大国として、世界のために大きな貢献をしたいのです。まず1つ目は、世界の経済成長に対する貢献で、これはすでに達成しました。2つ目は、世界の貿易増加に対する貢献で、現在進行中です。3つ目は、世界の科学技術に対する貢献です。発明の特許出願量は米国の1.26倍になり、特許付与数は世界第3位になりました。今後は世界一を目指して、世界の科学技術に貢献したいと思っています。

中国が大国であるということは、それ相応の貢献もしなければならないということです。中国の貢献は世界最大で、米国よりも大きいと思います。中国は世界と共に成長したいと思っています。中国と聞くだけで恐がらないでほしいですね。習近平主席が「中国という獅子が目覚めた。しかし、この獅子は、平和で親しみやすい、文化的な獅子である」と言いましたが、

1　習近平，中仏国交樹立50周年記念大会での演説，2014/3/27，新華社パリ支局の記事。

インタビュー（その①）

まさにその通りです。重要なのは世界の発展に大きな貢献をしたということではないでしょうか。

記者：今後、中国が経済危機に直面すると警告する西側諸国の学者もいます。地方政府の借金が多すぎることや、不良債権が多いからだそうですが、これについてはどう思いますか。

胡：それについては、国際通貨基金(IMF)のレポートが出されて、そこにその答えがあります。まず、中国の不良債権についてですが、銀行の不良資産の割合は世界でも少ない方です。世界金融危機の前は、米国や西欧の銀行が最良とされていましたが、今考えると、中国の銀行こそが最良だったのです。もちろん、銀行に問題が全くないとは言いませんが、この問題は政府がうまく処理するはずです。

　次に、地方政府の借金についてですが、このレポートで専門的な研究がされています。客観的に見ても、地方政府の債務はすべてインフラ建設に用いられたと書かれています。地方政府は、債務を高速道路や地下鉄の建設に使ったとか、沿線の住宅価格が上昇した分だとか、すべて把握しています。これは、当時のソウルの発展状況と大して変わりません。借金が資産になったのです。だから、その資産の使い方によっては大きな利益をあげられる可能性があります。例えば、町の駐車場は無料になっていますが、これは政府が投資してつくったものなので、料金を徴収して混雑を解消する等、ほかにも方法があると思います。資産を長期投資と考え、その投資分を回収すればよいのです。

　中国では毎日のように危機が発生しています。例えば、最近

241

（2014年）は雲南地震がありましたよね。こんなことは、いつでも起こり得るのです。これは、どのように経済、社会、政治を管理するかという国家の問題です。

　国際的に中国が関心を持たれるのはよいことだと思います。どういう意味かというと、中国の発展というのは、10数年前の「米国がくしゃみをすると、世界中が風邪をひく」という状況に似ています。もし、中国がくしゃみをしたら、一番に風邪をひくのは韓国でしょう。韓国と中国は、経済的にはもちろん、観光、貿易、投資、留学等のさまざまな分野で深いつながりがあります。だから、中国が風邪をひけば、韓国はくしゃみが出ます。世界が中国に関心を持つことは、よいことであって悪いことではありません。

記者：中国は世界最大の経済大国になると考えていますが、ソフトパワーの面ではどうでしょうか。

胡：それについては、留学生を例にしましょう。政府の統計によると、この35年間で米国から中国に来た留学生は22万人もいますが、米国はさらに10万人の学生を中国に派遣する予定です。現在、留学生の数が一番多いのは韓国ですが、2番目は米国です。米国からの留学生が増えていることは、米国にとって中国留学は魅力があるとも言えます。逆に、中国からの留学先は、イギリス、オーストラリア、韓国も多いですが、やはり米国が一番多いです。留学というのは2国間の人の往来と言えます。ソフトパワーという概念をみんなが使っていますが、対外開放すれば、2国間が開放することになります。去年は、中国からの留学生が42万人、中国に来た海外留学生は32万人い

インタビュー（その①）

ました。その中にはベトナムの学生もいますが、両国間がうま
くいっていないのに、留学生は4番目に多かったのです。

　国家が発展するほど、海外へ出ていく人も増えます。現在、
世界各国が、中国の学生、観光客、ビジネスパーソンに対して、
ビザの発効を簡略化しようとしていますが、これは「お客様は
神様」という精神を反映しているのだと思います。お客様であ
るなら、米国人であろうと、韓国人であろうと、中国人であろ
うと誰でも同じです。中国は最大のお客様なのです。知ってい
ましたか。米国の国務長官、ケリーさんの勧めもあって、米国
では中国語がスペイン語に次ぐ第2外国語になっています。20
年前、米国で中国語を外国語として学ぶ人がいたでしょうか。
しかし、今では小中学校、高校はもちろん、大学でも主な外国
語になっています。米国に中国語を勉強するよう強制したわけ
ではありません。これは、2国間が開放した結果なのです。逆
に、中国では英語が第1外国語になっています。時代は変わっ
たのだなと思います。

　ソフトパワーとは何でしょう。人がある国の言語を学びたい
と思うこと、ある国の文化を理解したいと思うことだとすると、
中国のソフトパワーは今までで一番強力です。以前なら、中国
の学生が米国へ留学に行くことはあっても、米国の学生が中国
に留学しようとは思わなかったでしょう。でも今は、中国に来
た米国の留学生は、中国をとてもよいところだと思っています。
清華大学には、何万人も食事ができる便利な食堂があります。
キャンパス内なら自転車で十分移動できるので交通費も不要で
す。生活費も安いです。これが、30数万人もの外国の学生が、
なぜ中国に留学するのかという理由です。さらに、留学生の約
40％が学位を取得しています。中国の学位、清華大学の学位

243

はとった方がよいですよ。中国は開放的なので、中国語で論文を書く必要はありません。でも、米国で学位を取るなら必ず英語で書かなければならないですよね。この点からも中国が開放的で寛容であることが分かるでしょう。

🎤 インタビュー（その②）

> これは、2014年10月17日に韓国KBSテレビが作成した
> ドキュメンタリー「Super China」のプロデューサー・朴
> 晋範氏の取材の録音を、周頂氏の協力を得て編集したもの
> である。

胡鞍鋼（以下「胡」）：また取材を受けることができて、うれし
く思います。「中国の飛躍、中国の道」の取材テーマには、とて
も興味があります。私の著書『中国の道と中国の夢』（浙江
人民出版社、2013）は、まさにこれがテーマです。また、『中
国2020〜新型大国〜』は、韓国でも正式に出版されています
が、このテーマの裏付けとなるデータがたくさん出てきます。
「Super China」を「Super Power China」としてもよいか、
ということについては、その方が私もよいと思いました。今日
は、過去の研究にもとづいて、このテーマに関する考えを述べ
たいと思います。

記者：このテーマに関する研究について簡単に紹介して下さい。

胡：私は現代の中国、特に中国の経済発展と中国が世界に与え
る影響について研究しています。最近出版した2冊の本は、ど
ちらもこのテーマと関係があります。1冊は2011年、米国の
ブルッキングス研究所によって出版された英語版の『中国
2020〜新型大国〜』です。もう1冊も2011年に出版された
『2030年中国はこうなる』で、すでに英語版も正式に出版され
ました。主な内容は、2020年以降の中国における経済社会の

発展についてです。

記者：人口大国である中国の歴史的背景を紹介して下さい。

胡：新中国を設立した1949年の中国の人口は5億4000万人でしたが（2013年には13億6000万人にもなりました）、当時は、ほとんどの人が絶対貧困に属していたと思われます。また、総人口は世界の約21%を占めていましたが、絶対貧困人口は約40%を占めていました。つまり、世界に占める絶対貧困人口の割合が、総人口の割合の2倍もあったのです。

　国際貧困ラインによると、2013年に中国の絶対貧困人口は5%に減少して、その数は6800万人くらいになりました。世界に占める割合も10%と急速に減りました。新中国設立後の65年間で、中国は貧困国から小康社会に転換したのです。1人当たりのGDPは中所得国のレベルである6560ドルになり、国連開発計画（UNDP）による人間開発指数（HDI）も0.717になりました。これは、世界でも割と高い水準（HDIが0.7以上）です。中国は貧困国から中所得国に変わり、次は高所得国を目指しているところです。2020年には、中国の人口の30%以上が、2025年には、その倍の人口が高所得国のレベルになると思われます。つまり、中国は上の中所得国から高所得国に転換する段階にあって、これが世界に大きな影響を与えています。また、世界最大の貿易国になり、世界最大の国内市場を持っていることから、世界最大の経済体とも言えます。2014年の世界銀行と国際通貨基金（IMF）によれば、購買力平価ベースで計算すると、中国は米国に代わり世界最大の経済国になったということです。

インタビュー（その②）

　振りかえってみると、1890年に米国の経済規模が中国を上回った後、中国の経済規模は縮小し、米国の経済規模は拡大しました。1950年、米国の経済規模は中国の5.4倍もありましたが、この65年間で米国に追いつくことができました。1890年から2014年の125年をかけて世界一の貿易大国となり、今後100年間は、香港・マカオ・台湾を除いても世界一を維持すると考えられます。

記者：新中国の設立初期は、どのように人口を扶養したのでしょうか？

胡：1949年の時点で、中国には5億4000万人もの人口がいましたから、こんなに多くの人口を扶養するのは確かに大変だったでしょう。当時の米国国務長官のディーン・アチソンは、中国共産党の指導のもとでは、すべての人口を扶養することはできないので、米国の食糧を輸入するしかないと述べました。当時の中国の国情を見ると、人口は世界の21％を占めていましたが、耕地は世界の10％足らずで、その上、1949年における中国の食糧生産高は清の時代より低く、過去最低でした。そんな状況で多くの人口を扶養するのは本当に大変だったでしょう。

　しかし、その後の農業の発展によって、世界の耕地のたった10％、水資源は6.5％という状況で本当に自力で国民を扶養したのです。去年、中国の食糧総生産量は6億トンを突破して世界の25％を占め、食糧生産においても世界一になり、現在13億6千万人を扶養しています。1人当たりの食糧生産量も世界の平均を上回りましたが、これは、従来の伝統的農業を現代化

247

したからです。世界で10億人を扶養できる国は2つしかありません。1つは米国で、もう1つは中国です。インドも人口は多いですが、食糧を大量に輸入しています。中国が自国で食糧問題を解決することができたのは、この65年間の努力のおかげでしょう。

記者：中国の経済はどのように発展してきたのでしょうか。鄧小平は「先富論」で、沿岸部をまず優先的に開発して発展するように呼びかけましたが、それが、中国の現在の発展に影響を与えたのではありませんか？

胡：この65年間、中国経済の発展過程には、いくつかの段階がありました。最初は毛沢東の時代で、きわめて低い収入段階でした。当時の中国は「貧困しかない」国家でした。次に、鄧小平が改革開放を始めて「先富論」を唱えました。一部の人や一部の地域から、まず豊かになろうというもので、2000年ごろには低収入段階から下位の中所得段階にはいりました。そして、2010年に下位の中所得段階から上位の中所得段階になったのです。発展段階で見ると「先富論」段階から「共に豊かになる」段階にはいったことになります。私の『2030年中国はこうなる』では、国民全員が豊かになること、つまり上位の中所得段階から高所得段階になることを表明しました。中国では、発展段階に応じて異なる発展計画がとられてきたのです。

記者：中国の経済が急速に成長するにあたって、13億人という人口は、どのような影響があったのでしょうか。

インタビュー（その②）

胡：その影響は、世界的なものだと思います。例えば、中国はすでに世界の自動車大国になりました。自動車の生産量、販売量共に世界一で、使用台数は米国に次ぐ第2位になりました。スマートフォンについても、製造量、消費量、使用者数は世界一で、世界最大の市場になっています。これこそが「Super Power China」です。このPowerは全世界に影響を与え、特に韓国を含む周辺諸国への影響が大きいです。韓国は米国市場に頼って発展してきましたが、その後、米国に代わって中国が韓国の最大貿易相手国になりました。また、韓国への観光客も中国人が一番多いです。このように、中国の急速な発展は、世界の構造、特に消費市場の構造を変えたのです。

記者：中国は大消費国で、以前はマネから始める模倣文化でしたが、今はそれだけではありません。自主ブランドはどのように発展してきたのでしょうか。

胡：どの国家も、最初は模倣から始まるものです。例えば、米国はイギリスの、日本は米国の、韓国は日本の模倣をしていました。中国が対外開放をした頃は、やはり米国、日本、韓国の模倣をしていましたが、今はイノベーション大国になりました。簡単なデータを使って説明すると、米国では1790年に特許法が施行されていましたが、中国では1984年に特許法が公布され、1985年にようやく正式に施行されました。その後、2012年に中国の特許出願量は米国を上回って、米国の1.2倍になりました。中国は独自の方法で革新することによって模倣を越えたのです。中国企業はまず模倣から始め、それから独自の方法で革新していったのです。中国は巨大な市場を持っているので、

249

独自の革新とサービス向上によって、まず中国の消費者を取り込み、次に世界の消費者を取り込んできたのです。

記者：ハイアールや小米科技（シャオミ）は、世界一を維持することができるでしょうか。

胡：中国の現代的な企業はその歴史がとても短く、創業後30年経っていません。ハイアールは、今年ちょうど30年ですが、人間に例えると働き盛りで、小米科技はもっと若く、まだ青少年と言えるでしょう。中国の企業は1530万社もあり、約4000万人の個人経営者も加えると、6000万以上になります。そのうち、きわめて優秀な企業が1%でもあればよいのです。つまり、ハイアールや小米科技のような優秀な企業が60万社あれば十分すぎるくらいなのです。中国の現代的な企業は、歴史は浅いですが発展はとても速く、規模も巨大です。それは、お互いに競争し学びあうからです。この意味で、ハイアールや小米科技等の優秀な企業を非常に好ましく思います。

記者：中国のような巨大市場を自国で独占しようとは思わないのですか。

胡：それはあり得ません。1913年に、米国がイギリスに代わって世界最大の市場になってから、ちょうど百年がたちました。2013年に中国は米国に代わって世界最大の貿易国になり、実質的には中国が世界最大の市場になりました。中国の市場が発展することも望んでいますが、世界各国にも機会を提供したいと思っています。だから、中国は自発的に輸入関税を下げ、貿

易障壁を減らしているのです。特に開発途上国の中でも優れている国家に対してはゼロ関税を実行していて、輸入する商品の95％以上がゼロ関税です。将来的には低収入国家にまで範囲を広げて、ゼロ関税を今の50カ国余りから100カ国に増やそうとしています。もう一歩進めて、中所得国まで範囲を広げることもできます。

記者：多くの中国企業はロシアやアフリカにまで進出しようとしていますが、これも「中国の力」なのでしょうか。

胡：この30数年間で、中国の対外開放は2つの段階を経ていると言えます。1つ目の段階は、海外投資を呼び込むことです。特に、優遇政策によって、中国に投資しやすいようにしました。こうすれば、中国は多くの技術を獲得できるようになり、現代的な発展が可能になります。これは「世界の投資を中国に」という段階です。そして、第2段階として、1997年に中国政府は次の開放、つまり、企業の海外進出「走出去」の奨励を始めました。現在は世界第3位の対外投資国ですが、まもなく日本に代わって第2位となり、最終的には米国も追い抜き世界一になるでしょう。第2段階は「中国の投資を世界に」なのです。

　今後は、企業がロシア、アセアン、東欧、アフリカ、南米等で投資するだけでなく、中国政府も、人身保障、情報サービスといった企業にとって便利なサービスを提供するべきでしょう。中国の対外開放は、2つの方法を同時進行させているのです。つまり、一方では積極的に外資を取り込み、もう一方では、企業が積極的に海外に進出し投資する、というものです。これは中国の開放度、すなわち「世界は中国に投資し、中国は世界

251

に投資する」を示しています。こうすることで、相互の利益や
ウィン-ウィンを実現できるのです。

記者：中国企業が海外投資をする際、現地の人々の反対もあ
ったようですが、どのようにして解決したのですか。

胡：海外の投資家が中国で投資する時も、対立が発生すること
がありますが、中国は基本的に外資企業を歓迎し優遇政策もと
りました。中国企業の海外投資は、全体的には歓迎されている
と言えるでしょう。衝突や対立もありましたが、結果的には
90％以上の国で積極的に受け入れられています。中国の海外
投資は直接投資が多くなっていますので、今後は純資投資国か純
資本輸出国になると思われます。これも、世界が中国による投
資を歓迎していることの表れです。

記者：中国政府は「千人計画」や「万人計画」を実施していま
すが、なぜこのような計画を実施しているのですか。

胡：中国は世界で人口が最も多い国で、高等教育人口も最も多
く、その数は1億4300万人と推計されます。しかし、優秀な
人材については不足していたので「千人計画」「万人計画」を
とったのです。これは、世界の優秀な人材が中国で研究開発す
ることを歓迎するもので、中国がとても開放的だということも
表しています。開放できるということは、自信があるというこ
とでもあります。今後もさらに開放して、もっと多くの優秀な
人材に来てもらい、中国で生活、研究、開発等をしてほしいで
すね。

252

インタビュー（その②）

記者：中国は貧富の差を縮小して、持続的に発展することができますか。

胡：それについては、『2030年中国はこうなる』で専門的に解説しています。中国の貧富の差は、すでに縮小しています。まず、1人当たりのGDPから見ると、中国における地域格差は2004年がピークで、その後はずっと縮小しています。これが第1段階です。次に、都市と農村の所得格差についてですが、1985年から拡大し始め、2009年にピークを迎えた後、ゆっくりとですが縮小しています。『2030年中国はこうなる』でも予測しましたが、今後10数年、この格差は縮小し続けると思われます。他の国と違って、中国の貧富の差は国民全体の収入が高くなっていく状況で発生しました。これは、米国はもちろん日本とも全く違います。日本の貧富の差は、大多数の人の収入が下がっていく状況で発生したものなので、中国とは根本的に違います。貧富の差を考える時は、その背景の具体的な分析が必要です。

　わたしたちは、中国は貧富の差を解消できるという自信があります。中国の現代化は、社会主義の現代化でもあり、この社会主義の本質は共に豊かになるということです。党第18期代表大会で改正した党規約には「国民全体が少しずつ共に豊かになることを実現する」とありますが、これは党と政府の目標でもあり、国民全体の共通の利益でもあるのです。

253

インタビュー（その③）

これは、ドイツ国際放送局の記者の書面取材を受けて、2015年2月24日に回答したものである。

記者：「Super China（超級中国）」というドキュメンタリーは、中国の現状を客観的に描いていると思いますか。また、個人的にはどう思われますか。

胡鞍鋼（以下「胡」）：まだ第2回までしか見ていませんが、感激しました。西側のテレビ局が「Super China」のようなテーマの長編ドキュメンタリーを撮ったことはなかったですから。これは、政治的な問題ではなく、習慣による心理的な問題が大きいでしょう。中国共産党が指導する中国が、たった30年という短い期間で大国になったなんて、想像することも受け入れることもできないのでしょう。しかし、韓国のテレビ局のプロデューサーは違っていました。韓国も以前は貧しい国だったので「漢江の奇跡」を思い浮かべたのではないでしょうか。韓国は、西側諸国より短い期間で先進国の仲間入りを果たしたからこそ、中国の「改革の奇跡」も、理解し支持することができたのでしょう。

　CCTV（中央電視台）等の中国のテレビ局も「Super China」のようなテーマのシリーズもののドキュメンタリーを撮ったことはありません。これは、中国の文化や認識の問題です。中国は謙虚さと慎みを重んじます。民衆も指導者も、みんなそうです。「大躍進」や「文化大革命」の頃は、大口をたたいてしま

いましたが。でも、あの時は例外で期間も短かったですよね。2006年にCCTVの経済チャンネルが、全12本のドキュメンタリー「大国の飛躍」という番組を放送したことがありましたが、番組中では「大国」をただ「彼ら」と呼んでいるのです。彼らって誰か分かりますか。ポルトガル、スペイン、オランダ、イギリス、フランス、ドイツ、ロシア、日本、米国の9カ国のことで、各国がどのように発展してきたのか、その過程を紹介しています。大国になるための法則をまとめることに極力努めたようです。テレビ局の人たちも「台頭する中国」という現実に向き合えなかったのでしょう。今でも「Super China」なんて言うはずがないし、これからもそうでしょう。国営テレビ局が自由にできないのは当然なので、理解はできます。だから、韓国KBSの「Super China」は、創造的で新鮮でした。題名だけで、中国がどのような国で、何がすごいのかを表現しています。韓国にとっては、どのように客観的に中国を評価するか、どのように中国を利用し、中国市場を開拓するか、どのように中国と行動を共にするかを表しています。

　中国は一夜にして「超」がつくような大国になったのではありませんし、今も発展の途中に過ぎませんから、私自身も絶えず研究、追跡してきました。この成果として、2000年には「21世紀の展望〜中国はどのように米国を追い越すか〜」という国情報告を書き、2003年にも、日本で『かくて中国はアメリカを追い抜く〜胡錦涛-温家宝体制の戦略〜』を出版しました（石平訳、東京、PHP研究所、2003年7月）。

　2007年の『中国〜飛躍への道〜』は北京大学出版社から出版しました。内容は、国家のライフサイクル理論をもとに、中国が急速に発展した経済的、社会的、政治的な基礎と外部環境、

および、中国発展のための戦略構想を解説したものです。結論
としては、中国が現代的な発展をするには、緑色、革新、調和、
平和、協力が重要だということです。

　2011年には英文書も出版しました（『China in 2020, A
New Type of Super Power』, Hu Angang, 2011, Brookings
Institution Press)。この本で、初めて中国を「新型大国」と
しました。米国の国務長官を務めていたヒラリー・クリントン
氏は、関係者に読むように推薦してくれましたが、それが、こ
の「Super China」というドキュメンタリーのきっかけにもな
りました。取材を受けた後、私は韓国の人にもこの本を読んで
ほしいと言いました。けれど、英語版しかなかったので、韓国
の出版社がブルッキングス研究所出版社から版権を買い、英語
版から韓国語版に訳して出版したのです。すると、韓国でとて
も大きな反響があったわけです。もちろん、このテレビシリー
ズの反響の方が大きかったですが。

　この本の中国語版も2012年1月に出版されましたが、中国
では反響が少なかったです。当時は中国の「途上国」の面ばか
りが強調されていたので、中所得国のレベルでありながら大国
であるということは理解されにくかったようです。中国は1人
当たりのGDPが米国の4分の1しかないのに、大国のはずがな
い、1人当たりのGDPが米国の半分とか3分の2になるはずが
ないという感じでしょう。

　この番組では「事実にもとづき真実を求める（事実求是）」
という中国共産党の理論とその結果が高く評価されています。
インドと中国を比較すると、主な指標はどれもインドより高く、
GDPは4.4倍、輸出額は7.1倍です。根本的な原因は、やはり
政治制度の違いで、事実や国際的な比較からも証明できます。

でも、西側諸国の人々が認めたくないのは当然でしょう。中国を理解し、事実にもとづいて真実を求める人がいれば別ですが。

記者：韓国KBSテレビは、なぜこのようなドキュメンタリーを撮ったのだと思いますか。意見を聞かせて下さい。

胡：中国は、韓国にとって最大の近隣国であり、最大の市場でもあります。中国は大きな発展の場であり、無限のビジネスチャンスがあるのです。米国の近隣国が、カナダやメキシコであるのと似ています。好き嫌いは関係なく、必要かどうかなのです。日本も「中国は好きではないから要らない」では済まされないのです。メディアは、真実をまず知り、大衆にその真実を知らせることが必要です。韓国KBSテレビは、この番組によってその責任を果たしたと言えます。

　中韓の国交樹立は、一体化とウィン－ウィンが成功した例です。韓国とは1992年8月にようやく正式に国交を樹立しましたが、その後の両国の貿易の一体化、経済グローバル化は速かったです。1992年から2013年の21年間で2国間の貿易額は64億ドルから2742億ドルに急増しました。この結果、韓国は、米国、日本に次いで3番目の貿易相手国となり、中国の貿易総額の6.6％を占めました。中国は、韓国にとって最大の貿易相手国になり、貿易総額1兆752億ドルの25.5％を占めるようになりました。これらのデータから、韓国の中国依存度が中国の韓国依存度よりずっと高いということが分かります。事実、韓国の企業家、投資家はとても現実的で「中国市場」を「自国の市場」と見なしています。2012年末、韓国は中国企業2.2万社に累計396億ドルを投資しました。2013年におけるサムス

ンの中国に対する投資額は168億ドルに達し、2015年には260億ドルになる見込みで、中国に対する投資額が最も多い外資企業となっています。また「第2のサムスン」の計画もあり、生産、販売、研究開発、管理等を一貫して行う現地チームと10カ所の独立研究院をつくり、中国を「研究開発基地」にしようとしています。

　国民同士の交流も盛んです。中国における居留民は韓国人が最も多く、65万人もいます。韓国からの留学生も多く、2013年は8.24万人で、外国人留学生35.65万人の23.1％も占めています。両国は、互いの国を訪れる観光客の数も最も多く、2014年、観光による相互訪問人数は1000万人に達しました。韓国観光局の統計によると、韓国を訪れた中国人観光客は、2014年には延べ610万人以上となり、海外からの観光客の6％を占めるという予想ですが、実際にはもっと増えると思われます。中国観光研究院の「外国人観光客レポート2014」によると、中国を訪れた韓国人は、2010年は延べ400万人で、2014年は延べ420万人の見込みです。両国で行き来した人数は、1992年の延べ13万人から79倍の延べ1030万人に増加しました。2012年は、直航フライトが毎週811便も出ましたが、これは両国にとって最多の海外直航便です。

　2013年に米国を訪問した中国人の観光客は延べ180万人、フランスは延べ120万人でした。米国とフランスの合計よりも、韓国を訪れた中国人観光客の方がはるかに多かったのです。以上のデータから、中国と韓国の間には、今までにないような交流、一体化、外部性が発生しています。また、中国が韓国に与える影響は、韓国が中国に与える影響よりも、ずっと大きいことが分かります。これが、韓国KBSテレビがこの番組を作

った理由でしょう。第2次大戦後の数十年間は、韓国の最大貿易相手国は米国でしたが、たった20年で中国は大国になり、これが韓国に大きな影響を与え、政府や学者だけではなく、一般の国民や留学生も中国の急速な発展を感じたのではないでしょうか。

記者：あなたの考えを「Super China」というドキュメンタリーは、完全に表しているでしょうか。

胡：少なくともテーマは一致していますから、内容もそのテーマを十分に反映していると思います。私の著書では、マクロ的、包括的、国際的な視点で、主に米国と比較していますが、番組では、一般大衆の視点から撮っている点は異なります。でも、中国に対する認識と理解を具体的に記録しています。しかも、この番組の脚色兼演出家は清華大学に留学していた時に、私の「中国の経済発展と政策」という48コマの授業をとっていて、私の研究も熟知していました。私はそれを知った時「気まぐれで挿した柳の枝が、予想外の成長ぶりで大木になってしまった（何気なくしたことが成功する）」という句が思い浮かびました。このドキュメンタリーは私の授業に対する最高の答案であり、留学生独自の認識と理解も含んでいます。

記者：この番組は「CCTVも顔負けするくらい、中国を大げさに褒めたたえている」「多くの五毛党（中国共産党配下のインターネット工作員の集団）でも最後まで見られない」等と言う声もありますが、これについては、どう思いますか。

胡：中国には「森にいる者は森を見ず」ということわざがあります。五毛党のことはさておき、私は中国の学者や指導者が、どうしたら本当の中国の姿を評価できるか考えています。現代中国を研究する際は、マクロ的、歴史的に中国を見るだけではなく、世界からも中国を見るようにしています。中国は世界の一部ですから、中国の変化は世界に影響を与え、世界の変化も中国に影響を与えます。もし、あなたが韓国の学者だったら、中国をどのように評価し、どのように対応しますか。

　韓国の経済成長が「漢江の奇跡」と言われたことがありました。1962年、韓国の1人当たりのGNPはわずか100ドルだったのに、2007年には150倍の1万5000ドルになりました。これは、米ドル換算の為替レートで計算したのですが、購買力平価なら結果は違ってきます。1962年の韓国の1人当たりのGDP（購買力平価ベース、国際ドル換算）は1240ドル、1993年は1万ドルになり、2010年には16倍の2万ドルを突破しました。45年で先進国に追いついたのです。「漢江の奇跡」によって、今の韓国が作られたことは、韓国人も誇りに思っているし、世界的にも高い評価を得ました。

　このドキュメンタリーは、韓国の国民に「漢江の奇跡」と同じような「中国の奇跡」を見せたかったのではないでしょうか。でも「漢江の奇跡」は1996年までは年平均成長率が8.8％ありましたが、1997年以降はアジア金融危機によって成長が止まり、2008年までの年平均成長率は4.3％になってしまいました。中国がまだ高い成長率を維持しているのを、韓国人はうらやましがっているのかもしれません。現在、観光等によって、中国を理解している韓国人は多くなりました。だから、このドキュメンタリーの放送が、韓国で大きな反響を呼んだのでしょ

260

インタビュー（その③）

う。

　また、この番組は、韓国が今後の発展方法を見つけるヒントにもなると思います。国際金融危機の時も、中国と協力することでアジア金融危機の時のような経済的混乱も免れました。金融危機で一気にマイナス成長になりましたが、また回復することができたのです。2009年、韓国の経済成長率は0.7％でしたが、2010年には6％に回復、2008年から2013年におけるGDPの年平均成長率は3.2％になりました。また、朴槿恵氏が大統領になり、2回目の「漢江の奇跡」を起こすため、画期的な経済構想を立てました。朴大統領は、急激に発展している中国を利用することで、チャンスをつかもうとしているのです。

記者：この番組による「ほめ殺し」は、別の形で中国脅威論を広めるためだと言う人もいますが、これに対してはどう思いますか。

胡：そのような不思議な意見は今までもあったので、珍しくも何ともありません。ほかの人やほかの国について何かを言う時はいろいろな言い方があります。自分は何もしないで、確実な見通しもないのに、ただ言うだけの人もいます。そういう意見に、わざわざ答える必要はありません。聞き流しておけば十分です。10年後か数十年後には、泡のように消えてなくなるもので、これまで流れを止めることはできません。中国は実際、大国になっているのですから、説明する必要もないでしょう。

261

あとがき[1]

　本書は、2011年に米国のブルッキングス研究所出版社から出版された『中国2020』の増訂版である。

　タイトルは、『中国2020〜新型の大国〜』から、『超級中国：スーパーチャイナ』とした。内容は、中国はどのようにして大国になったのか、それは中国と世界にとってどのような意味があるのかについて、専門的に解説したものである。

　中国の発展については、さまざまな見方があるが、中国の学者の見解を示したのが本書である。

　当初は、この本が現代中国の研究書として米国に影響を与えることになるとは思いもしなかった。

　ブルッキングス研究所編集の「中国の思想家」シリーズの1冊になり[2]、同研究所理事会主席ジョン・ソーントン氏に、英語版の「序文」を書いていただき、米国の政界と学術界にも推薦していただいた。さらに、ジョン・ソーントン中国研究センターの李成主任には専門的な評論をしていただき、2011年6月15日には、ブルッキングス研究所が、この本のために新刊発表会を催してくれたりもした。その発表会では、同中国研究センターの李侃如主任が司会を務めてくださった。筆者も本書も、多くの方々のおかげで大きな評価を得ることができたので

1　2015年4月16日に書いたものである。
2　李侃如教授は次のように紹介した。「ブルッキングス研究所による『中国の思想家』シリーズの目的は、現代中国における重要な学者の作品を世界に紹介し、読者を増やすことである」。

ある[1]。ヒラリー・クリントンも、中国に関係する国務省の役人や専門家らに熟読することを勧めてくれた。その後、インドで英語版が、韓国で韓国語版が出版され、また、中国語版も浙江人民出版社から2013年1月に出版された。

　2012年12月25日、韓国の「経済ニュース」で、北京特派員を務める金泰完氏の取材を受けた。そして、習近平の歴史上の任務は何かと聞かれたので、この『超級中国：スーパーチャイナ』を紹介し、次のように答えた。まず、胡錦涛の歴史上の任務はを明確にしなくてはならない。それは、中国の経済規模を世界の第6位から第2位に、貿易総額を第8位から第2位に引き上げたことである。そうなると、習近平の任務は明らかで「第2位から第1位にする」ことである。これは新型の大国になることも意味する。

　2014年、韓国放送公社（KBS）のプロデューサー、朴晋範氏から、電子メールでインタビューをしたいという連絡があった。8月4日に1回目の取材（本書の付録「インタビュー（その①）」を、10月17日に2回目の取材（本書の付録「インタビュー（その②）」）を受けた。朴氏は、清華大学放送学院に留学していた時に筆者の授業を履修したこともあった。筆者は、2008年に清華大学公共管理学院で、外国人留学生向けに「中国の経済発展と政策」という授業をしたことがあった。これは、筆者の中国発展研究における集大成で、留学生にも人気があっ

1　李侃如教授は次のように評した。「胡鞍鋼教授は、現在中国で広範な研究領域と大きな影響力を持つ学者の1人であり『ことが終わってから偉そうなことを言う』のではなく、5年10年後の政策を変えることができる人物である。教授は、中国の未来に関して重要な方向性を見出す能力がある。だから、私はその判断に常に関心を持っている。例えば、彼の著作『中国2020』は、中国の未来についてさまざまな視点から分析しており、教授の長年の研究成果の賜物とも言えるだろう。これは、本当に価値のある一冊である」。

た。朴氏とは教室で話したり討論したりしたこともある。思い
がけなかったのは、彼がKBSのシリーズものの特別番組
「Super China」のプロデューサー兼脚色・演出家だったことだ。
しかも、その数カ月後の2015年1月15日から24日まで、
KBSテレビは「Super China」というドキュメンタリーを放
送したのだ。

　ドキュメンタリー「Super China」は全7回からなり、第1
回のテーマは「13億の力」で、どのように人口ボーナスを利
用して「世界の工場」から「世界の市場」になったのかを主に
分析している。第2回は「お金の力」で、経済の角度から中国
の海外投資や買いつけについて紹介している。第3回は「中国
が治める世界」で、中国の軍事費拡大は米国との競争に関係が
あるとし「中国の覇権」時代が到来する可能性について分析し
ている。第4回は「大陸の力」で、中国の豊富で多様な資源が、
経済発展にどのような影響を与えたかについて解説している。
第5回は「ソフトパワー」で、孔子学院を通じてハリウッドに
進出する映画産業等を紹介しながら、中国文化の広がりについ
て紹介している。第6回は「中国共産党の指導力」であり、第
7回は「中国の道」で「中国の夢」を総合的に紹介している。

　「Super China」の放送は、韓国人に大きな影響を与えただ
けでなく、番組を中国理解のための「中国の百科辞典」と呼ぶ
人まで出てきた。さらに、他の国でも放送されさまざまな反響
を呼んだ。

　これほど反響があったのは、中韓の経済が互いに利益がある
関係にあったからだろう。中国は、韓国の最大貿易相手国であ
り、最大の海外旅行先、留学先でもある。中国にとっても、韓
国は貿易や投資の主体として重要である。両国の貿易額は

2900億ドルに達して、中国にとって4番目の貿易相手国になり、韓国企業による中国への直接投資額は、累計700億ドル以上である。2015年6月1日、中韓は正式に自由貿易協定（FTA）に署名し、二国間の貿易は一体化し「ウィン－ウィン主義」の模範となった。

　今回、このドキュメンタリーが放送されたことによって意外な収穫もあった。それは、筆者自身が韓国を訪問したり、学術交流や講義をしたりしなくても、留学生だった朴氏が専門的な立場から「本当の中国」を伝えてくれたことである。

　また、朴氏は「第一財経」の取材を受けた時、こう言ったそうである。「最も印象深いのは、清華大学で胡鞍鋼教授を取材した時です。清華大学に留学中、胡教授の『中国の経済発展〜理論と実践〜』という授業を履修して以来、私は教授を恩師だと考えています。今回、取材のために胡教授を訪問したのですが、とても親切にしてもらい、サイン入りの著書もいただきました。そのうちの一冊、『2030年中国はこうなる』（2011）の"偉大な国家には偉大な夢あり、偉大な時代には偉大な夢あり"という文と、『中国2020〜新型大国〜』（2011）の"2020年、中国は米国を越え世界最大の経済国になるだけではなく、成熟し責任を持つ、魅力ある新型大国になる"という文があるのですが、胡教授のこの自信にあふれた文章が本当に印象に残っています」

　留学生が、これほど深く中国を理解し、客観的に中国を見られるとは思いもよらなかった。これは、教育というものが、人的資本への重要な投資であり、その投資のリターンと知識の正の外部性が大きいことを表している。このリターンというのは、筆者に対してではなく、中国全体に対してである。最も重要な

のは、中国が急速な発展を成し遂げたことを、全世界が認めたことだ。この番組が韓国でセンセーションを巻き起こしたことがよい例だろう。

この番組は世界各国で放送され、連鎖反応が起こった。2015年2月24日、筆者はドイツ国際放送テレビ局の書面による取材（本書の付録「インタビュー（その③）」）を受け「Super China」に関してたくさんの質問を受けた。

ここから分かることは、今や、中国は世界の中心に立ち、その責任も重くなり、世界に与える影響も大きくなったことである。1人当たりのGDPと1人当たりの平均収入はまだ米国にはるかに及ばないが、収入は中所得国のレベルになった。「Super China」という事実が否定できないことは、新しい時代が始まっていることを表しているのではないだろうか。現代は「ウィン－ウィン」の時代と呼ばれるが、幸運にも中国はこの時代に活躍できそうである。

過去500年の世界の発展を振り返ると、ルネッサンス、産業革命、経済のグローバル化を経て、今は、情報化、ネットワーク化、知識化の時代が始まっている。今までにない創造力で、さらに多くの精神的、文化的、制度的な財産を築く時代なのだ。同時に、500年来の植民地主義の時代、100数年来の帝国主義の時代、70数年来の覇権主義の時代も伴っている。中国は、30数年前の改革開放後に経済が急速に発展し、2013年に世界一の貿易国になり、まもなく世界一の経済国になるだろう。中国が、"スーパー"であるかどうかは関係ない。中国が深く世界に溶け込み、世界に深い影響を与えることが重要なのだ。毎年、何億人もの中国人が海外を観光するだけではなく、数百万人の投資家、経営者、労働者、数十万人もの中国人留学生が世

界へ向かっている。最も重要なのは、中国の発展によるさまざまな外部性、例えば、経済的、政治的、社会的、文化的、生態的な影響は、世界が平和であってこそである。ゆえに、ポルトガル、スペイン、イギリスのような植民地主義や、ドイツ、イタリア、日本のような帝国主義、米国とソ連のような覇権主義の道はあり得ない。中国は平和的な発展を目指し、世界がウィン－ウィン主義になるよう推進する。そのため、今の貴重な歴史的チャンスを生かすべきだろう。この点から見れば、中国の発展は世界にとって悪いことではないはずである。だからこそ、中国がどのような国になるのかに世界が関心を持つのである。中国がどのような国になるのは明らかだ。それは「世界の平和、発展、文化に貢献する国」である。

　本書は、『超級中国：スーパーチャイナ』の第1版をもとに増訂し、その間の研究成果を加筆したものである。また、データも全面的に更新し、分析と結論も練り直した。さらに、第9章と第10章を追加した。第2章の最後の節では、2015年に中国のGDP（購買力平価）が米国を上回ると予測したアンガス・マディソンを特別に紹介した。世界銀行と国際通貨基金も2014年のGDP（購買力平価）で、中国が米国を上回ったと報告した。中国の発展は、世界においても記録的な経済成長と言えるだろう。

　第9章「中国はどのように米国を追い越すか：総合国力の視点から（1990～2013年）」で重要なのは、『中国2020』でも書いたように、中国が米国を超えることである。大国の定義は無数にあるが、米国を上回れば大国と言える。現時点でも、中国が米国を超えたものがいくつかある。2011年、中国は最大の特許出願国、最大の工業輸出国になった。2013年は世界最

あとがき

大の貿易国になり、2014年は世界最大の経済大国（購買力評価）になった。まもなく、サービス業もサービス貿易も世界一（為替レート換算法）になるだろう。

第10章「中国と世界～現代化の後発国から人類発展の貢献国へ～」で重要なのは、中国が成長して大国になるにつれて、世界に大きな外部性が発生することである。例えば、世界経済成長に対する貢献、世界の貿易増加に対する貢献、世界の特許に対する貢献、世界の絶対貧困人口数（絶対的貧困ライン以下）に対する貢献である。しかし、発展する過程では負の貢献も発生してしまった。二酸化炭素を代表とする汚染物質の排出である。しかし、中国の主な汚染物質排出量は減少しており、2030年以降は二酸化炭素排出量を必ず減らしていく。中国の発展は世界の発展であり、中国の成功は世界の成功だと言える。特に、中国が二酸化炭素排出量を削減できれば、世界的にも減ることになるのだ。

中国をどのように見ればよいのか、これはずっと人を悩ませている問題であるが、実は、鄧小平には中国の2元性、非対称性に注目した「大国小国論」という理論がある。[1]国際関係上は、中国は大国であり強い発言権がある。一方、発展段階という面

---

1 1978年3月13日、鄧小平はソマリアニュース代表団との談話で「国土は広く、人口も多いが、生産と科学のレベルから見ると中国は小国に過ぎない」と述べた。中央文献研究室『鄧小平年譜（1975-1997）』（北京：中央文献出版社, 2004), p.279。1984年10月, 鄧小平は外国からの客に「大国とは人口が多く国土が広い国のこと、小国とは中国のことで、発展途上国で貧しく、1人当たりのGNPは300ドル以下である。中国はまぎれもない小国であるが、しかし国連安全保障理事会常任理事国という、まぎれもない大国でもあるのだ」と述べた。鄧小平「独自の革命と建設」（『鄧小平文選 第3巻』、人民出版社, 1993年版）, p.94。1980年, 鄧小平は「中国は大国なのだから、もっと力を発揮するべきだが、まだ力不足である。だから発展しなくてはならない。この貧しすぎる状態は中国にふさわしくない」と述べた。鄧小平「社会主義は生産力を高める」, 1980/4-5,『鄧小平文選 第2巻』、人民出版社, 1994年版, p.312。

から見ると、中国は小国でとても貧しい。為替レート換算法によると、1980年、中国の1人当たりのGDPは220ドルで、世界188カ国家の中で第175位だったが、2013年は109位、2014年には96位になり、その額も7600ドルに達した。[1]

　中国が急発展しているのは事実であり、現在も世界で話題になっているが、人によって見方は違う。これについては、百花斉放（さまざまなことが一斉に本領を発揮すること）が必要で、百家争鳴（さまざまな立場にある人が自由に議論をすること）はさらに欠かせない。筆者も、自分の言葉で、自分の思うことを言おうと思っている。最も大切なのは、誰が何を言おうと、時が経てば分かるということである。まさしく「歴史が証明してくれる」ということだろう。

胡鞍鋼

2015年4月16日晩　清華園にて

1　World Bank Data Base, http://data.WorldBank.org/indicator/NY.GNP.PCAP.CDpage=2.

【著者紹介】
胡 鞍鋼 （こ あんこう）

1953年生まれ。現在、清華大学国情研究センター長、同大学公共管理学院教授、博士課程の指導教官を務める。「第13次五カ年計画」専門家委員会委員。各種専門書、国情研究シリーズなど、80冊以上出版。邦訳は『中国の百年目標を実現する第13次五カ年計画』（共に日本僑報社）など多数。中国国家自然科学基金委員会傑出青年基金に援助、中国科学院科学技術進歩賞1等賞（2回受賞）、第9回孫冶方経済科学論文賞、復旦管理学傑出貢献賞などを受賞。

【訳者紹介】
小森谷 玲子 （こもりや れいこ）

名古屋生まれ。北海道大学農学部農業経済学科卒業。2004年に中国語の勉強を始め、2006年北京語言大学、2008年北京民族大学に短期留学。2010年より日中翻訳学院で本格的に翻訳を学び始める。その後、法律に関する翻訳業務、中国児童援助団体での翻訳業務、中国テレビCCTV大富の字幕翻訳業務に就く。2015年、日中翻訳学院の推薦で日中青年友好交流訪中団に参加。2016年に出版した『中国の百年目標を実現する第13次五カ年計画』（日本僑報社）が翻訳書籍の第一作となった。現在も日中翻訳学院に在籍中。

Super China　―超大国中国の未来予測―

2016年12月23日　初版第1刷発行
著　者　　胡 鞍鋼 （こ あんこう）
訳　者　　小森谷 玲子 （こもりや れいこ）
発行所　　富士山出版社
発行者　　小熊未央 （おぐま みおう）
発売所　　日本僑報社
　　　　　〒171-0021 東京都豊島区西池袋 3-17-15
　　　　　TEL03-5956-2808　FAX03-5956-2809
　　　　　info@duan.jp
　　　　　http://jp.duan.jp
　　　　　中国研究書店 http://duan.jp

2016 Printed in Japan.　ISBN 978-4-9909014-0-0　C0036
Japanese translation rights arranged with Angang. Hu
Japanese copyright © Fujisan Press

Best seller & Long seller

日中中日 翻訳必携　実戦編
より良い訳文のテクニック

武吉次朗 著

2007年刊行の『日中・中日翻訳必携』の姉妹編。好評の日中翻訳学院「武吉塾」の授業内容が一冊に！実戦的な翻訳のエッセンスを課題と訳例・講評で学ぶ

四六判 192頁 並製　定価 1800円＋税
2014年刊　ISBN 978-4-86185-160-5

病院で困らないための日中英対訳 医学実用辞典 指さし会話集＆医学用語辞典

松本洋子 編著

16年続いたロングセラーの最新版。病院の全てのシーンで使える会話集。病名・病状・身体の用語集と詳細図を掲載。海外留学・出張時に安心。医療従事者必携！

A5判 312頁 並製　定価 2500円＋税
2014年刊　ISBN 978-4-86185-153-7

中国人の心を動かした「日本力」
日本人も知らない感動エピソード

段躍中 編

「第九回中国人の日本語作文コンクール受賞作品集」朝日新聞ほか書評欄・NHKでも紹介の好評シリーズ第9弾！反日報道が伝えない若者の「生の声」。

A5判 240頁 並製　定価 2000円＋税
2013年刊　ISBN 978-4-86185-163-6

中国人がいつも大声で喋るのはなんでなのか？ 中国若者たちの生の声、第8弾！

段躍中 編

読売新聞（2013年2月24日付）書評に大きく掲載、朝日新聞にも紹介。受賞作「幸せな現在」は、祖父の戦争体験を踏まえ、日中両国の人々が「過去の影」に縛られてはいけないと書き綴った。

A5判 240頁 並製　定価 2000円＋税
2012年刊　ISBN 978-4-86185-140-7

新中国に貢献した日本人たち
友情で綴る戦後史の一コマ

中国中日関係史学会 編
武吉次朗 訳

埋もれていた史実が初めて発掘された。日中両国の無名の人々が苦しみと喜びを共にする中で、友情を育み信頼関係を築き上げた無数の事績こそ、まさに友好の原点といえよう。元副総理・後藤田正晴

A5判 454頁 並製　定価 2800円＋税
2003年刊　ISBN 978-4-93149-057-4

日本語と中国語の妖しい関係
中国語を変えた日本の英知

松浦喬二 著

この書は「漢字は中国人が作り、現代中国語は日本人が作った！中国語の中の単語のほとんどが日本製であるということを知っていますか？」と問いかける。

四六判 220頁 並製　定価 1800円＋税
2013年刊　ISBN 978-4-86185-149-0

中国の対日宣伝と国家イメージ
対外伝播から公共外交へ

第一回中日公共外交研究賞受賞作品
趙新利（中国伝媒大学講師）著
趙憲来 訳

日本人は中国の対日宣伝工作をどう理解すべきか。新進気鋭の中国人がやさしく解説！
山本武利・早稲田大学名誉教授 推薦

A5判 192頁 上製　定価 5800円＋税
2011年刊　ISBN 978-4-86185-109-4

日本における新聞連載 子ども漫画の戦前史 日本の漫画史研究の空白部分

第十四回華人学術賞受賞作品
徐園（中国人民大学講師）著

本書は東京で発行された新聞を題材にして、子ども漫画が出現し始めた明治後期から敗戦までのおよそ50年間の、新聞連載子ども漫画の歴史を明らかにする。

A5判 384頁 上製　定価 7000円＋税
2012年刊　ISBN 978-4-86185-126-1